JN014718

魚屋は真夜中に刺身を引き始める

鮮魚ビジネス革新の舞台裏

東信水産 代表取締役社長 織茂信尋 著

ダイヤモンド社

目次

はじめに——8

第1章 魚屋のリアル——21

ビジネスモデルの限界と秘められたチャンス

「魚屋は儲からない」という事実／日本はもはや魚食国ではない／「サンマ1本6000円」の背景／魚はどのように流通するのか／加速化する市場の規制緩和／市場の価値を再定義する／人々はどこで魚を買っているのか／じつは魚屋のビジネスチャンスは大きい／人々は本当に魚を食べなくなったのか／女性活躍時代の消費行動に着目せよ／魚は〝水産物〟なのか？／世界が求めてやまない魚の健康効果

第2章 養殖という価値――55

国民の人気魚、サーモンとブリの秘密とは

日本人はイカ、エビよりもサケ、ブリを食べるようになった／ノルウェーが注目した高価格帯のすし市場／サケ市場ではなく「サーモン市場」をつくれ／日本の商社が育てたチリ産サーモン／ノルウェーサーモンの成功事例から学ぶ養殖魚の可能性／アトランティックサーモンは日本で育てられるのか？／天然魚にひけをとらない養殖魚、ブリ／「苦いオリーブの葉をあえて食べさせる」というチャレンジ／価格より付加価値で勝負する時代／畜産農家のような努力から生まれる新しい魚たち

第3章 冷凍の魔法――85

時を止める技術の奥深き世界と可能性

その〝生〟シラスは生ではない？／イヌイットの人々からもらった知恵／東京オリンピックで変わった冷凍の常識／氷詰めにされていた南洋諸島のマグロたち／フロンR22によって生まれた超冷凍冷蔵庫／新しい冷凍テクノロジーの模索／〝生神話主義〟は正しいのか／アニサキスをやっつける確実な方法／魚屋、マグロの冷凍・解凍にチャレンジする／解凍はテクノロジーよりテクニックが大事

第4章 マグロを探して　105
世界の海を旅する巨大魚の知られざる顔
江戸時代は「下魚」だったマグロ／「すき身」「切り落とし」はバブル崩壊で生まれた／世界に広がるマグロの回遊エリア／漁場によって異なるマグロの味／為替差益で成功した韓国のマグロ漁／3つのマグロの漁法

（コラム）もっと知りたい～マグロの解体法

第5章 魚屋の神話　139
「包丁」という伝説の武器の有効期限
魚屋が抱く「人」についての大いなる誤解／魚屋が学ばなければならないこと／包丁さばきよりも大切な「PLの読み方」／丁稚制度から脱却できない人材育成／魚屋は「場所」についても誤解している／地代・家賃が高くなるワケ／陳列ケース1尺に乗っているコストは／魚屋が稼げるマーケットはどこか／神話から抜け出す方法はミニスーパーに学べ！

第6章　新しい刺身 —— 163

真夜中の工場がひっくり返す流通の常識

刺身が美しい店ほど繁盛する理由／プロセスセンターは「刺身の盛り合わせ」を扱いたがらない／忙しすぎる魚屋の朝／東京23区から新鮮な刺身を届ける／「D＋O」を実現する2つの工程／初心者を刺身のプロに育て上げる／荻窪に誕生した刺身工場「東信館」

第7章　ITによる化学変化 —— 181

スピードアップした経営判断と人の成長

店長たちが休憩室で働く理由／2日がかりで処理されていた売上結果／バーコードで読み取れない商材が9割／設計者の理想と魚屋の現実をすりあわせる／タブレット端末から統一データをつくりあげる／デジタル化により実現した黒字／突然のキャパシティオーバー／スピード化した本社の経営判断／自発的な発信で加速する「人の成長」／煩雑な魚屋の勤怠管理を一目瞭然に／コロナ自粛で進んだ「働き方の健全化」

（コラム）魚屋の秘密基地　東信館

第8章 HACCPを知る 215
宇宙食から開発された「安全」の作り方
HACCP制度化の背景／NASAの宇宙食開発から生まれたHACCP／3つの危害要因／なぜモニタリングが必要なのか？／安心＋信頼＝安心／5Sと食品7S／それでも起こる？工場の「あるある」とは／発見が難しいアニサキスの幼虫／水産物の食中毒

第9章 お客様の真実 241
魚が嫌いなのではない、ただ困っているだけ
時代とともに変わる購買スタイルと販売形態／昔ながらのカテゴリ分類でいいのか／調理時間別の消費者特性に注目する／刺身は総菜と一緒に置けばいい／「調理時間ゼロ分の魚屋」の可能性／パン・パスタが主食になる時代の魚屋とは／魚屋の歳時記／コロナ自粛で進んだ「売り場の健全化」

第10章 海の幸 261
ダイビングから見えてきた魚と日本の未来

おわりに

ダイビングインストラクターになった理由／未利用魚の価値／未利用魚から高級魚に？／「産地×小売×行政」のチームワークが不可欠／声にならない魚たちのＳＯＳ／荒らされるサンゴ礁や岩礁／21世紀半ばには漁獲可能な魚がいなくなる？／改正漁業法で何が変わるのか／ノルウェーの資源管理手法の透明性／漁船にＧＰＳを／魚屋が考えるべきこと

はじめに

もしも東京の真ん中のコンビニで、刺身の盛り合わせパックが売られていたとしたら、あなたなら買うだろうか。商品を目にしたあなたはおそらく驚くはずだ。いぶかしく思い、まじまじと食品表示シールを見つめるかもしれない。

消費期限も加工日時も問題ないうえ、添加物・保存料の類いは入っていないとわかり、1パック買ってみたとしよう。そして一口味わい、意外なほどの弾力とうまみ、新鮮さに気づいたとしたらどうだろう。

それまで抱いていたコンビニのイメージは一変し、刺身をもっと身近な存在に感じるようになるはずだ。

この本は、鮮魚業界で働きたいと思っている学生、水産業界のことをもっと知りたいと思っている人、そしてどんな業界にもある「常識の壁」を超えたいと願うすべてのビジネスパーソンのために魚屋目線で書いた業界本であり、改革の記録である。一風変わった教科書としてお読みいただければ幸いだ。

◇

日本の水産業は全体的に苦戦している。伝統的に「魚食国」とされてきたわが国だが、２００６〜10年頃を境に魚と肉の消費量は逆転、「肉食国」となった。

漁獲量も急速に目減りしている。かつて日本は世界一の水産大国だったが、１９８４年の１２７３万トンで頭打ちとなり、２０１９年には３２０万トンにまで落ち込んでいる。鮮魚小売店の実情も厳しい。にぎやかだった商店街はさびれ、シャッターをおろしっぱなしの魚屋さんをよく見かけるようになった。

時代の流れは誰にもおしとどめようがない。戦後から続いてきたあらゆる業界、ビジネスが廃れていくように、水産もこのまま衰退していくのだろう、と考える人も多いかもしれない。

一方、海外を見ると、日本とは真逆のトレンドが起きている。ＦＡＯ（国際連合食糧農業機関）の調べでは、世界の1人当たりの食用魚介類の消費量は過去半世紀で2倍に増加した。健康志向を背景にシーフードは世界的に人気だ。欧米だけでなく、経済発展が著しい新興国でも魚食はスタンダードになりつつある。コールドチェーンの発達のおかげで、世界中いつでもどこでも新鮮な魚を食べられる環境が整いつつあり、需要はますます伸びている。

だが、いったい世界と日本の何が違うのだろう？　健康志向は日本でも同じように高まりを見せている。世界第6位の広大な排他的経済水域（ＥＥＺ）をもち、南北に広がる大陸棚、豊かな潮流や四季に恵まれたこの国で、なぜ魚食文化は廃れようとしているのだろう？

じつは私たちは古い常識にとらわれているだけかもしれない。新しい消費者のリアルな姿を直視せず、消費行動を高める努力をじゅうぶんにしてこなかっただけかもしれない。

驚くかもしれないが、単身者や共働き世代が増える今の時代、料理のスキルをもたず、調味料もほとんど常備していない消費者はけっして少数派ではない。詳しくは後述するが、筆者らが自社店舗で行った調査によると、むしろ調理時間0〜10分という人が8割に達している。消費者のライフスタイルは大きく変化しているのだ。時間と手間のかかる加熱調理が敬遠されるようになったばかりでなく、コロナ禍では、飲食店での外食からテイクアウト・デリバリーへのシフトチェンジも見られた。何十年もかけて進む変化もあれば、あっというまにすべてが様変わりしてしまうこともある、ということだ。いずれにしても、消費者が変化している以上、私たち鮮魚小売業も変化しなければならない。日本が世界一の漁獲量を誇り、どの家庭の食卓にも焼き魚や煮魚が載っていた頃の〝神話〟は、もう忘れなければいけないのだ。

では新しい消費者像に向けて、私たちはどんな価値を創り出していくべきなのだろう。

興味深い事例をいくつか挙げよう。

たとえば回転寿司で大人気のネタ、〝生サーモン〟にはノルウェー産のアトランティックサーモンが多いが、もともと日本には北海道のル・イベを除き、〝生サケ〟を食べる習慣はなかった。1980年代のノルウェーによるマーケティング努力によって、初めて寿司ネタ、刺身として大きなマーケットに成長したのである。以来、〝サーモン〟は日本中に普及し、総務省家計調査によれば1世帯1年当たりの購入量第1位の魚になった。

エサや生け簀《す》を工夫して育てた全国のブランドブリも健闘中だ。天然ブリの相場に影響され、価格競争にさらされていた養殖ブリだが、官民学が連携、研究開発の努力により付加価値を高めたことで、安定した価格で売れるようになった。天然ブリをしのぐ値がつくこともある。

彼らはいずれも、「日本人は生のサケは食べない」「養殖魚は天然魚の代替品である」といった常識をひっくり返し、あたらしいスタンダードを生み出した先駆者たちといえる。

タテ割で多重階層の水産業界は、業界の全体像を俯瞰して矛盾点を突き、改革を起こすプレーヤーが活躍しづらかった。商習慣にとらわれ、顧客視点がもてなかった面もある。２つの改革は海外の事業者や研究者などの異質な視点が加わったからこそ実現したシフトチェンジだったのかもしれない。

だが、東信水産は内側から常識をくつがえすことによって、今まさにあたらしい消費のあり方を創造しようとしている。

◇

当社は直営店のほか多数のテナント店を構える鮮魚小売業者である。１９４９年に創業して以来、鮮度はもちろん、技術と接客にこだわり、荻窪総本店ほか都心の百貨店、スーパーに販売拠点を広げ、高品質な商品を提供してきた。

しかし、長らくの景気低迷や魚離れにより収益構造は悪化し、赤字が続いた。４年前、筆者が代表取締役社長に就任した時には赤字はもはや９５００万円に達し、財務状況の立て直しが急務という事態に陥っていた。

いわば集中治療室にいた当社だったが、筆者の社長就任４年目にして息を吹き返した。２０２０年度の営業利益は７５００万円、純利益は４８００万円と、黒字化を果たすことに成功したのである。ＲＯＡも確実な成長を見せ、成長している。

２０２０年度は新型コロナウイルスの感染拡大により２度の緊急事態宣言があった。４〜５月は都心の百貨店をはじめ、テナント店５店舗で休業が行われた。しかし、緊急事態宣言が明けた6月以降、単月の黒字化が続いている。営業利益の黒字化により、キャッシュフローは大きく改善した。

それも3年前から続けてきた抜本的な改革が花を咲かせた結果と自負している。逆に言えば、赤字の時期が続いたからこそ自社の〝常識〟の問題点に気づき、質的・構造的な変革を果たせたのだろう。

最大の改革は東京・荻窪にプロセスセンターをつくったことだ。

当日、水揚げしたばかりの新鮮な魚を産地からプロセスセンターに運び入れ、真夜中に刺身を引いて夜明け前に出荷、早朝のうちに23区内各地の店舗に届ける。東京のど真ん中の〝刺身工場〟から商品を送り込むことで、店舗における人件費や光熱費、廃棄ロスなどあらゆるコストの削減を実現することができた。

刺身や寿司、総菜は調理の手間がかからない即食商品だ。しかも肉と違って魚種や季節などで味わいが変わり、飽きることなく楽しめる。完全パック商品だから、これまで生鮮品の少なかったミニスーパーなどの業態でも取り扱うことができる。

現在、プロセスセンターでつくった商品は、自社店舗だけでなくスーパーマーケットなどの契約店26店舗に納品しているが、冒頭のように、もしコンビニなどに置かれるようになれば、それこそ東京の刺身の世界観はがらりと変わっていくだろう。

もう1つの大きな改革はＩＴ化・デジタル化である。ここ数年で働き方改革は一気に進んだ。組織の多様性が尊重されるようになり、ワークライフバランスが重視されている。労働市場の流動化により属人的な仕事のしかたも見直されており、あらゆる業務の見える化が図られるようになった。コンピュータに任せる仕事と、人が考える仕事はいまやはっきり区別されようとしている。業界にながらく根づいていた根性論は、もはや意味をなさない時代といえるだろう。

当社では受発注システムを内製、導入し、各店舗の売上データ、発注データ、棚卸データを全社がリアルタイムで共有している。おかげで店長たちの作業負担は大幅に減り、販売戦略に時間を割けるようになった。本社の経営判断もスピード化している。一連の試みと業績が認められ、２０１４年にはモバイルコンピューティング推進コンソーシアムの「award 2014奨励賞」を受賞した。また、労務管理システムも導入、勤務シフト表や残業申請などの一元管理が可能となっている。

どちらのシステムも、店舗で使っているのはｉＰａｄだ。ＩＴ化、デジタル化というと一般の従業員にとっては縁遠いところで行われる改革の場合が多いが、当社では身近なデジタルツールを利用することで、誰もが簡単に使いこなせるようにした。ｉＰａｄを活用し、新しい工夫や知恵を自発的に発信しあうなど、人の成長も加速している。

◇

筆者は東信水産の四代目にあたる。東京工科大学バイオニクス学部（現応用生物学部）で有機化学を学び、同大学院を修了した。総合商社勤務を経て、２０１１年に東信水産に入社している。

大学院時代は山本順寛教授の研究室でコエンザイムQ10の研究に没頭していた。日夜実験を繰り返していたが、思い通りの結果が得られず行き詰まったりすると、山本先生はいつもこんな言葉をかけて励ましてくれた。

「誰かがすでにやった仕事など仕事ではない。誰もやっていないことこそ自分たちの仕事なのだ。新しい分析手法を確立した人間は〝新しい視野〟を得ることができる。もっと真面目にやりなさい」

他人がすでにやったことを真似るのは簡単だが、それでは新しいものは何も生まれない。データをかき集め分析して、数字が物語っているものが何かを考える。試行錯誤を繰り返し、今まで見えていなかった変化が見えてくれば、まったく新しい世界観が開ける。その世界観に立ったうえで、また違う方法で分析してみる。こうして世界はどんどん広がっていく。

筆者は魚屋ではあるが、じつは魚を捌けない。アジを3枚におろそうとするとうまくいかず、商品にならない。刺身もうまく引けない。マグロのブロックから歩留まり（可食率）よく、しっかりサクを取ることなどとうてい無理だ。

だが、厨房にこもって魚を捌くことだけが魚屋の仕事ではない。変化を見つめ、新しい価値、新しい世界観を生み出す「インターフェース」をつくることも、これからの魚屋の仕事だと信じている。

そのためには、魚のこと、流通の仕組みはもちろん自然科学、政治・経済学、地学、海洋学、地政学、気象学など、あらゆることを知る必要がある。アンテナを立て、日々世界の潮流を追う努力も欠かせない。「風が吹けば桶屋が儲かる」という言葉があるが、一見、関係のなさそうなことであっても、グローバル社会においてはいつ何時どんな影響力をもってわが身に降りかかってくるかわからないからだ。

本書では、1章において業界の既存のビジネスモデルの限界について語るとともに、潜在的なチャンスを明らかにした。2章、3章では、養殖魚、冷凍魚が秘める可能性、そして最新テクノロジーについて語っている。さらに4章ではビッグビジネスを生み出すマグロの秘められた生態を解説した。そのうえで5章においては、今日の鮮魚小売店が抱く課題を取り上げている。どの業界でもとらわれている共通の問題をこの章に見出す読者も多いだろう。

6章、7章では、東信水産における課題解決のチャレンジを描いた。先述の2つの改革の詳細をここで明かしている。また、8章では当社全店舗およびプロセスセンターにおける衛生管理やHACCPについて述べた。HACCPは2021年6月に完全義務化された衛生管理手法だ。また、9章では顧客行動の変化にともなう新しいマーチャンダイジングについて、10章では未利用魚のブランド化や環境問題、および改正漁業法や密漁問題、地政学について言及した。

鮮魚・水産業界全体の知識を広く把握できると同時に、経営者としての私自身の知見から、今、直面するビジネス課題を解くヒントを得る方も少なくないのではないだろうか。

鮮魚・水産業界を含め、あらゆる業界で働くビジネスパーソンの方に本書を手に取っていただき、既存の常識を超えてチャンスをつかむ一助としてくだされば、これに勝る幸せはない。本書から自分なりの新しい視点を発見し、新しいインターフェースを立ち上げていってほしい。

ただし、地域によって問題は異なる。本書を通して地域固有の課題に対するさまざまな議論が湧き起こることを期待している。多くの方々に水産の現実を直視していただき、それぞれの地域の課題発見・解決に結びつけてもらえれば幸いである。その結果、新しい形で「水産大国日本」を復活できればと願っている。

本書の執筆にあたり、多くの方々に貴重なご意見を賜りました。ライターの西川敦子氏による調査・執筆へのご助力をいただけなければ、この本が日の目を見ることはなかったと思います。みなさまに心よりお礼申し上げます。また、恩師である東京工科大学元教授の山本順寛先生、総合商社時代、社会人として一から指導してくださった、上司であり指導教官の半澤淳也氏にこの場を借りて深く感謝を述べたいと思います。

第1章

魚屋のリアル

ビジネスモデルの限界と秘められたチャンス

はじめに知っておきたいことがある。「基本的に今、魚屋は儲かっていない」という事実だ。

日本が世界一の漁獲量を誇る水産大国だったのは1970年代から1980年代前半頃。経済産業省によると全国の鮮魚専門店の軒数は1976年にピークを迎え、5万8057軒となった。この当時の2人以上世帯の食費における食料別支出割合では、魚介が穀類や肉、野菜・海藻、外食を抜いて1位となっている（総務省家計調査）。魚屋は儲かる商売だったのだ。

だが、時代は変わった。

鮮魚専門店は激減し、経済産業省によれば2014年時点で7520軒と1万軒を割り込んだ。スーパーマーケットの鮮魚部も苦戦しているところが多いと聞く。「2019年スーパーマーケット年次統計調査報告書」（一般社団法人全国スーパーマーケット協会ほか）の商品カテゴリ別売上高構成比を見ると生鮮3品中、水産はもっとも低く、青果（16・0％）、畜産（13・4％）に対し11・4％。前出の家計調査でも、２０１７年の魚介への支出額は穀類や肉、野菜・海藻、外食よりも低く、最下位だ。

なぜこんなことが起きているのだろう。

漁業者の高齢化、変化の激しい流通事情、止まらない消費者の魚離れ――衰退モードを生み出す理由はいくつも考えつく。だが、儲からない理由は本当にそれらにあるのだろうか？

日本はもはや魚食国ではない

魚屋を取り巻く環境はとにかく厳しい。

まず、食文化が変わった。「魚食国」として知られる日本だが、今や魚離れに歯止めがかからない状態といわれている。

たしかに農林水産省食料需給表を見ると、１人当たりの年間食用魚介類の消費量は２０１９年には23・8キロとなり、ピーク時の２００１年に比べ４割減となった。

加工されていない丸魚などを調理する人はさすがに減っており、２０１４年のマルハニチロの調べによると、魚を「さばける」人は26％にすぎない。

背景には核家族化の影響もあるだろう。母親から魚料理の方法を教えてもらう機会は昔に比べると格段に少なくなっているに違いない。今どきは誰もがインターネットでレシピを検索するが、時短料理は数多く挙げられていても、丸魚からつくる面倒な料理の作り方はあまりヒットしない。うろこや内臓で台所が汚れる、まな板やグリルににおいがつくといった魚料理独特の問題もある。食べるにしても「骨や皮を取り除くのが難しい」と敬遠する人が多いのではないか。

過去に起きた事件から、魚に対してよいイメージをもたない人もいる。たとえば繰り返される中国産ウナギの産地偽装事件。２００８年、ウナギ輸入販売会社が中国産ウナギ約２５６トンを愛知県三河一色産と偽って販売し、約３億３０００万円もの不正利益を得た事件が話題となった。

魚種の偽造も昔はよくあった話だ。一般に知られていない種類の魚を、消費者にお馴染みの魚種名で売る業者がざらにいた。銀ヒラスはメダイ、ボラはイサキ、シイラはヒラマサ、カナガシラはホウボウの名で魚屋の店先に並んでいたようだ。

現在は水産庁のガイドラインにより、魚介類の産地や名称については厳しく取り締まりが行われるようになっているが、「偽装したもの勝ち」の時代に失った消費者の信用は、今も完全に回復してはいないだろう。

環境問題によるイメージも魚の売れ行きに影響している。高度経済成長期、日本が欧米の工場だった時代は廃液が垂れ流され、さまざまな水質汚染の問題が起きた。近年の例では、福島原発事故による風評被害が記憶に新しい。世界で年間８００万トンとも試算される海洋プラスチックごみ問題も深刻である。

消費者の不信感を象徴しているのが、マグロの水銀汚染問題だ。マグロが生息する太平洋は海底火山地帯であり、水銀は太古の昔から自然に海水に溶け込んできた。水銀を含む海洋で進化を遂げてきたマグロを食べたところで、人間が致命的な危害を被るはずはない。それでも「マグロを食べすぎると水銀の過剰摂取につながる」というニュースを聞けば、視聴者は水俣病の記憶を呼び覚まし、廃液によって汚染された海を思い浮かべてしまう。

「サンマ1本6000円」の背景

しかも、魚の価格は全体に上昇している。

2020年のサンマの高騰がいい例だ。同年7月15日の北海道釧路市での初競りでは、1キロ4万円を超える過去最高値となり、巷の話題をさらった。1本およそ6000円と消費者の相場感とはかけ離れた価格である。

サンマだけではない。東京都中央卸売市場に入荷する魚介類約450種のうち7割は、5年前と比べて平均卸値が上昇している。[1)]

最大の原因は近年続いている不漁だ。

日本の漁業・養殖業の生産量は、1984年の1282万トンをピークに1988年ごろから1995年ごろにかけて急速に目減りしている。その後も減少は続き、2018年には442万トンにまで落ち込んでしまった（農林水産省「漁業・養殖業生産統計」）。

世界的な人口増大、経済発展による乱獲もまた、不漁問題に拍車をかけている。

1）　日本経済新聞 2020.3.4

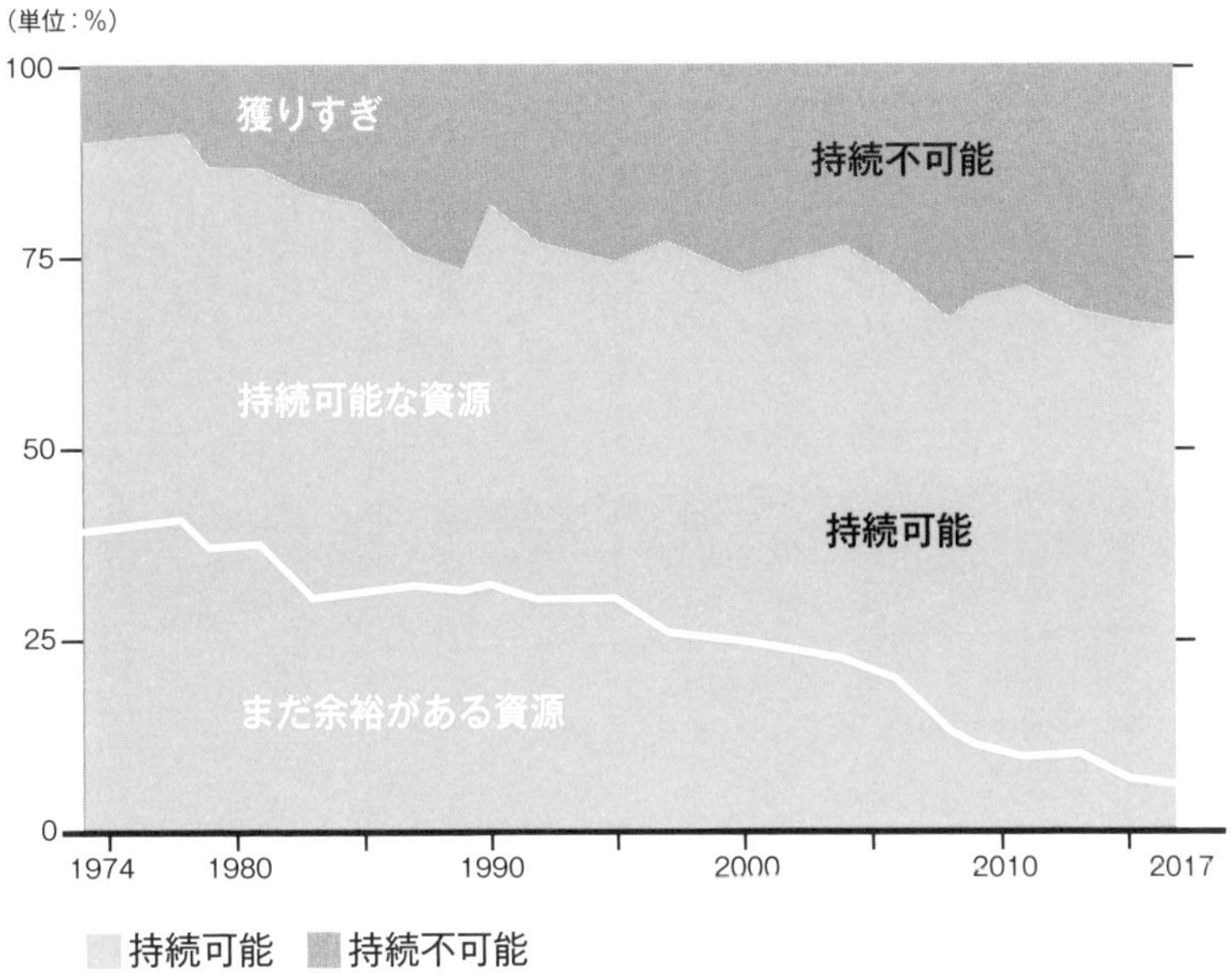
（単位：%）
100
75
50
25
0
獲りすぎ
持続不可能
持続可能な資源
持続可能
まだ余裕がある資源
1974
1980
1990
2000
2010
2017
持続可能
持続不可能

ＦＡＯ（国連食糧農業機関）によれば、世界の漁獲資源の３割は獲りすぎの状態、６割は持続可能な資源量を維持するのにぎりぎりの状態という。

海の生態系そのものの変化を感じさせるのが、「幻のマグロ漁場」が増えつつあるという〝噂〟だ。遠洋マグロ漁には燃油代など、大きな操業コストがかかる。だから漁師たちは乱獲により漁獲量が見込めなくなった海域には出向いたりしない。ところが不思議なことに、魚影が濃くなる気配はいっこうにないという。漁船が来なくなれば、ふつう魚は増えるはずなのだが――。

原因として考えられるのが「オキアミの減少」である。１９４８年に国際捕鯨委員会（ＩＷＣ）が設立され、反捕鯨の動きが世界各国で目立つようになった。さらに１９８２年、ＩＷＣが商業捕鯨モラトリアムを採択。商業捕鯨は一時停止されることとなった。

クジラは大量のオキアミを捕食することで知られており、シロナガスクジラなどは１頭あたりのオキアミ消費量が１日４トン程度ともいわれる。かつては捕鯨によって鯨の数が一定に保たれており、そのためオキアミが潤沢で、おかげでオキアミを食べる小魚が多く、小魚を食べるマグロが生きられた、という説もある。

いずれにしても、太平洋クロマグロの親魚資源量は１９９０年代中頃をピークに減少傾向にあり、現在は２・１万トンとなっている。

日本周辺も、水産庁の漁業資源評価によれば、資源量が枯渇している魚種が全体の49％と５割を占め、豊富な魚種は17％と２割に満たない状態だ。親潮と黒潮が交差する豊かな日本の海も、世界の海と同様、危機的な状況にある。

要因の１つが、海洋に流出したプラスチックごみが微細化したマイクロプラスチックである。小魚が食べると魚体が大きくならず、生存競争で負けてしまう。その結果、全体的な種の拡大ができなくなるという危険性が指摘されている。

魚にかわって消費量が上がっているのが肉だ。前出の農水省の調べでは、１人当たりの肉の年間消費量は２００６年頃から微増しており、２０１０年にはとうとう魚介を抜いた。日本は「魚食国」から「肉食国」へと変貌したのである。

国民１人・１年当たり魚介類、肉類の消費量推移

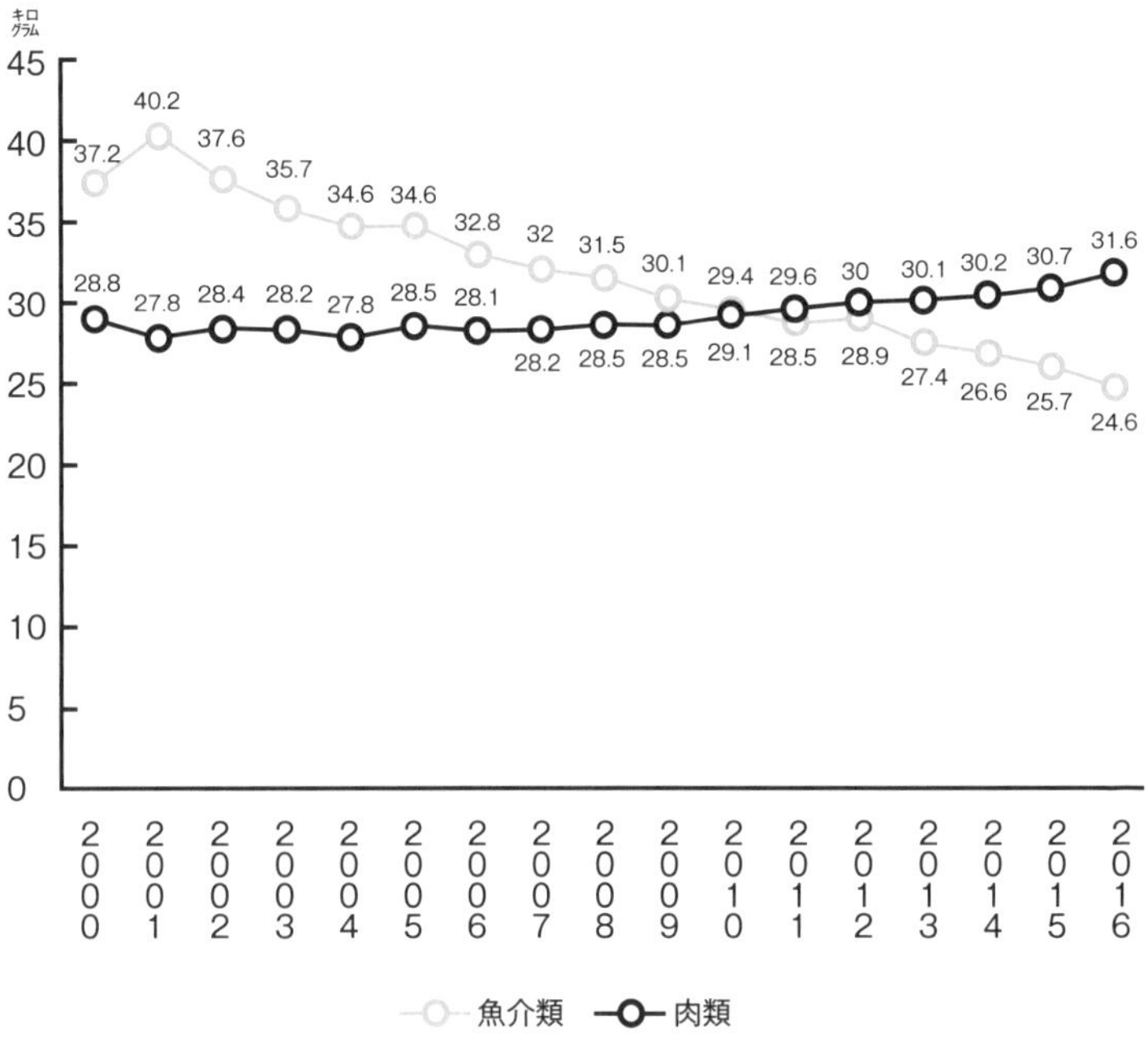

資料：農林水産省「食糧需給表」

魚はどのように流通するのか

魚をめぐる環境や消費者心理は変化しているが、サプライチェーンにも激変が起きている。まずは、流通の基本的な仕組みをおさえておこう。

水揚げされたばかりの新鮮な魚介がずらりと並ぶ市場。せり人の呼びかけに、買い手たちが「手やり」と呼ばれる手ぶりで買値を示す。にぎやかに符牒が飛び交い、テンポよく魚の価格が決まっていく——すでにテレビなどでおなじみの産地市場の競りのシーンだ。

全国の主要な漁港に併設された市場で、競りを運営するのは多くの場合、地元の漁業協同組合である。買受けるのは、加工業者や浜仲買（産地仲買）と呼ばれる業者たちだ。

浜仲買が買った魚は、全国の中央卸売市場や地方卸売市場、その他卸売市場など消費地卸売市場に送られる。このうち、もっとも流通量の多いのが中央卸売市場だ。人口20万人以上の自治体に設けられ、東京都では豊洲市場のほか足立市場、大田市場などが有名である。ただし、２０２０年6月の改正卸売市場法の施行により、一般の法人でも認定基準や認定要件を満たせば中央卸売市場を開設することが可能になった。

中央卸売市場に到着した魚は、農林水産大臣の許可をもつ卸売業者（大卸、または荷受け）に引き渡され、再び市場内のセリ場に並ぶこととなる。ただし、卸売業者は各市場とも数社に限られている。豊洲市場の場合は築地魚市場、第一水産、丸千千代田水産、中央魚類、東都水産、大都魚類、綜合食品の7社のみである。

競りに参加し、卸売業者から商品を買えるのは都道府県から許可を得た仲卸業者や小売業者たち。仲卸業者は冷凍マグロやエビ、貝類など、取扱い品目や専門性によってそれぞれ分かれる。

仲卸たちは、魚の品質や鮮度を見抜き、卸売業者から買付けを行う。まさに経験とスキルによる〝目利き力〟が必要とされる仕事だ。仲卸業者が買い取った魚は、さらに小売店や飲食店に販売される。

なお、前出の改正卸売市場法により「直荷引きの禁止」という原則が廃止された。

直荷引きとは仲卸業者が大卸業者を介さず直接商品を買付けることだが、その禁止が解かれたわけだ。２０２０年６月の施行後は、飲食店や小売業者が仲卸業者を介して、全国の産地やメーカーなどから商材を仕入れられるようになっている。

現在の水産流通の流れをざっと整理すると34ページの図のようになる。

加速化する市場の規制緩和

図を見ればわかるように、近年は従来の流通経路に大きな変化が起きている。市場を通さず取引を行う「市場外流通」がさかんになっているのだ。漁業者が直接、小売業者・外食業者に販売したり、インターネットで個人に販売したりするケースもある。

もともとスーパーマーケットなど量販店では、商社やメーカー、産地と直接取引することが多かった。量販店側からすると市場を介さない分、手数料が省けるうえ、大ロットの魚を安定的に確保できる。冷凍魚や養殖魚のサイズがある程度規格化さ

水産物の一般的な流通経路

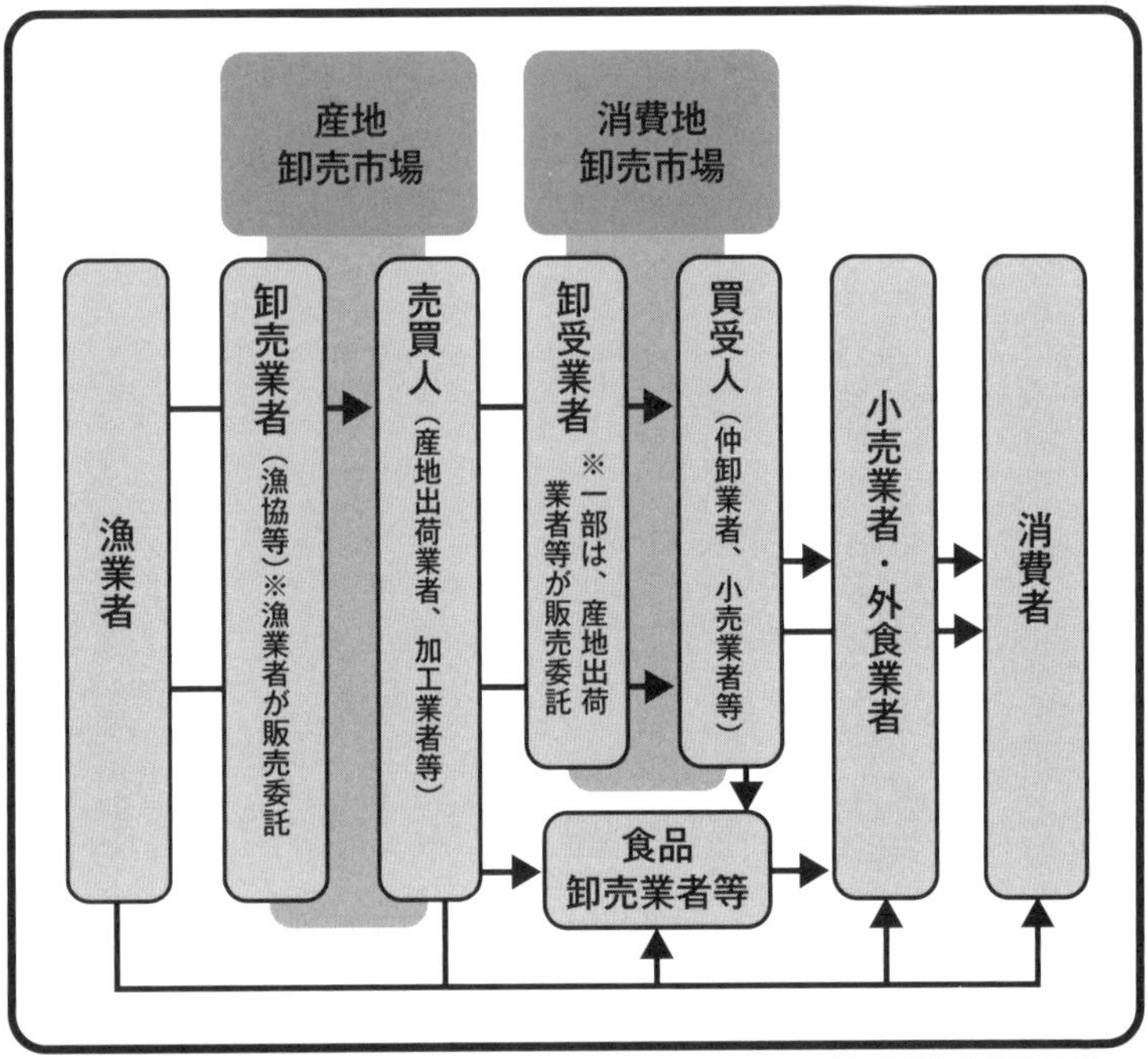

産地卸売市場

産地に密着し、漁業者が水揚げした漁獲量の集荷、選別、販売などを行う。

消費地卸売市場

各種産地卸売市場等から出荷された多様な水産物を集荷し、用途別に仕分け、小売店などに販売する。

資料：水産庁

れ、目利きを通さなくても流通に乗りやすくなった、という時代背景もある。

コールドチェーンの発達も市場外流通が増えた要因だ。昔は産地で競りを行ったあと、消費地に届くまでに商品の鮮度が劣化する可能性があった。そこでもう一度、競りを通して鮮度を確認し、安全な魚を選別しなければならなかったのである。ところが、現在はテクノロジーの進化により、輸送中の温度を厳密にモニターできる。消費地の競りだけが安全性を確認するプロセスというわけではない。

一方で、市場をめぐる業者たちの事業承継問題も深刻化している。たとえば東京都中央卸売市場の仲卸業者は1989年時点で1236社以上だったが、2018年には577社となっている。[2)]

業者が減れば、当然、市場そのものの力も落ちていく。かつて世界中の魚の相場が決まるといわれていた同市場だが、築地時代からすでに取扱高の減少ぶりは著しかった。2016年の取扱高は約41万トンで、ピーク時の1987年（約81万トン）のおよそ半分。[3)]豊洲移転後も、取扱高・取扱額はともに増えるどころか減少傾向に

2)　東京都中央卸売市場 HP
3)　全国中央卸売市場協会 H28 1～12月市場統計情報

ある。それどころか現在、豊洲で競りにかけられているのは基本的にマグロとウニ、活魚というのが実情だ。主力商品のマグロも、多くが海外に流れるようになったこともあって豊洲の価格決定力はさらに弱まってきた。

時代の趨勢から、市場自体も減少しつつある。２００８年度から２０１８年度までの10年間で、全国の中央卸売市場数は79カ所から64カ所に減少。地方卸売市場数も２００７年度から２０１７年度までの10年間で１２３７カ所から１０３７カ所となった。[4] 市場跡地には商業施設、物流センターなどが建設され、往時とは大きく姿を変えている。

想起されるのは、売買取引のシステム化により90年代に閉鎖されていった全国の株式取引所だ。かつては卸売市場と同じように証券マンが集まって「場立ち」をし、手ぶりでサインしながら取引していた。中抜き現象は、情報化などによる社会全体の効率化や規制緩和のトレンドを受け、あらゆる業界で進んでいるが、水産の世界もまた例外ではないのである。

---

4) みずほ総合研究所 2020.3.24 みずほインサイト「機能強化が求められる卸売市場」

システムだけでなく、設備の老朽化も進んでいる。全国の中央卸売市場の４割以上が築40年を経過しているが、事業者の経営状態は全体に悪化しており、改築がままならないのが実情だ。[5)]

移転、改築したもののそのツケに苦しむ市場もある。いい例が豊洲市場だ。

そもそも築地市場が開場されたのは１９３５年。ルーツは江戸時代から続く日本橋の魚市場である。関東大震災で被災し、築地の海軍省所有地に臨時の市場ができたのが、設立のきっかけとなった。築80年余りの建物はさすがに老朽化が進み、生鮮を扱うインフラとしては問題があった。屋根こそあるが、ほぼ野ざらし状態で魚が並べられているような有様だったのである。

それが閉鎖型で全館エアコン整備済みの豊洲市場に移転してからは、低温での流通が実現した。不特定多数の業者、観光客の立ち入りを制限したこともあり、衛生面でも向上している。豊洲移転についてはおおいに物議が醸されたが、長年の頭痛の種だった設備の老朽化、過密化といった課題はとりあえず解決されたことになる。

---

5)　日本農業新聞 2020.9.6「中央市場４割超が老朽　機能強化へ計画策定急務」

問題は向上したインフラのコストを誰が支払うかだ。冷房完備で最新の設備が整っている施設への引っ越しにより、固定費・維持費は跳ね上がっている。業者が負担するランニングコストは結果的に魚価に反映されることとなる。食の品質向上こそ事業者の使命だが、その対価を負担するのは豊洲移転の草案をつくった東京都でも、立法化した国でもない。業者であり、消費者なのだ。価格が上がれば買い渋りも起こり、魚離れがいよいよ進むことになる。ただし、ここまでのスキームに、消費者や業者が納得したうえで選挙が行われたわけではない。

中央卸売市場は、米価の暴騰によって起きた大正時代の米騒動を教訓に発展したといわれる。おかげで日本人は新鮮な魚を安定した価格で手に入れることができるようになった。また、国内外から多種多様な魚介を集める集荷力、迅速に販売し荷捌きする分荷力を備え、確実な取引決済、正確な情報提供など、重要な機能も果たしている。

流通事情が大きく変わった今、従来の市場のよさを活かしながら、機能や価値をあらためて再定義する必要があるのかもしれない。

人々はどこで魚を買っているのか

流通の下流、小売でもダイナミックな変化が起きている。

小売のタイプは大きく2つに分かれる。１つは自店といって店を持ち、駐車場スペースを備えているような鮮魚店だ。町の鮮魚店のように、商店街に店を構えている個店型、商業施設などに入っているテナント型とがある。

もう1つはスーパーマーケットの鮮魚部である。１９６０年代から増え始めていたスーパーマーケットは、町の商店にかわり、１９８０代初頭からますます台頭していった。資本の大きな事業者は物流システム、レジシステム（ＰＯＳシステム）を進化させ、ＰＯＳデータの分析による顧客志向に合わせたマーケティング戦略が立てられるようになった。

やがて２０００年の大店立地法（大規模小売店舗立地法）施行で店舗面積の規制がなくなると、各地で大型資本による出店攻勢が活発化。人々が買い物をする場所も、商店街から大型量販店へと変化していった。

その影響もあって冒頭に述べたように、全国の鮮魚店は激減している。総務省の全国消費実態調査(2014年)を見ても、魚介類の購入先は67・8%がスーパーマーケットで、町の鮮魚店はわずか9・4%と1割未満にすぎない。

消費者は鮮魚店とスーパーマーケットの違いをどう見ているのだろうか。

農林水産省情報交流モニターでのアンケート調査では、鮮魚店でのメリット1位は「希望に応じてその場で切り身や刺身に捌いてくれるため、新鮮である」。2位は「美味しい食べ方や時期などの水産物の知識を店頭で教えてもらえる」、3位は「いろいろな魚介類が威勢よく売られているので楽しい」だった。

一方、スーパーマーケットのメリット1位は「必要な分を購入できる」、2位「価格や消費期限、産地などの表示がわかりやすい」、3位「パック詰めされた商品が多く、手軽に購入できる」となっている。

スーパーマーケットには利便性や情報の正確さといった「日常における安全性」が求められる一方、鮮魚店に求められているのは、情緒的な視点に立ったニーズ、いわば「エンターテイメント性」であることがわかる。 鮮魚店が来店頻度、客数ともに確保しづらくなっているのもうなずける。

じつは魚屋のビジネスチャンスは大きい

ここまで、鮮魚ビジネスが直面している〝リアル〟について解説してきた。生産から小売にいたるまで、水産業界全体がそうとう厳しい局面に立たされていることがわかるだろう。

本章の冒頭に述べたとおり、魚屋は基本的には儲かりようがない。

だが、次のように考え方を変えれば、ビジネスチャンスはじつはけっして小さくないことに気づく。

- **世の中の定量データを集めて消費者の変化を分析し、「自社商品に求められる価値とは何か」を考える。**
- **価値の最大化を図るうえで、既存の仕組みが障壁になっていれば、「あたらしい仕組み」をつくる。**

どんな仕組みも時代が移り変わり、世の中が変化すれば、前例主義に陥ったり、単に右から左へ流すだけの無意味なプロセスになったりしてしまうものだ。**機能なきところに対価は生まれない。**変化に合わせ、対価を生み出す新しい仕組みをつくるべきだろう。今、水産業界で起きている流通構造のダイナミックな変化も、価値を最大化し、新しい仕組みを再構築する足掛かりになるはずだ。詳しくは次章から述べていく。

そういわれても、「そもそも衰退していく業界で自社や自社商品の価値を再発見するのは難しい」と感じるかもしれない。そこで、まずは魚離れのトレンドについて、もう少し詳しく見てみることにしよう。

人々は本当に魚を食べなくなったのか

たしかに表面上、魚離れは進んでいるかのように見える。まずは少々古いデータだが、厚生労働省の国民栄養調査、および国民健康・栄養調査報告から作成した図をご覧いただきたい。魚介類と肉類の1人1日当たり摂取量の推移について、

魚介類と肉類の１人１日当たり摂取量の推移（年齢別比較）

各点は、魚介類の消費量（横軸）と肉類の消費量（縦軸）を結んだもの

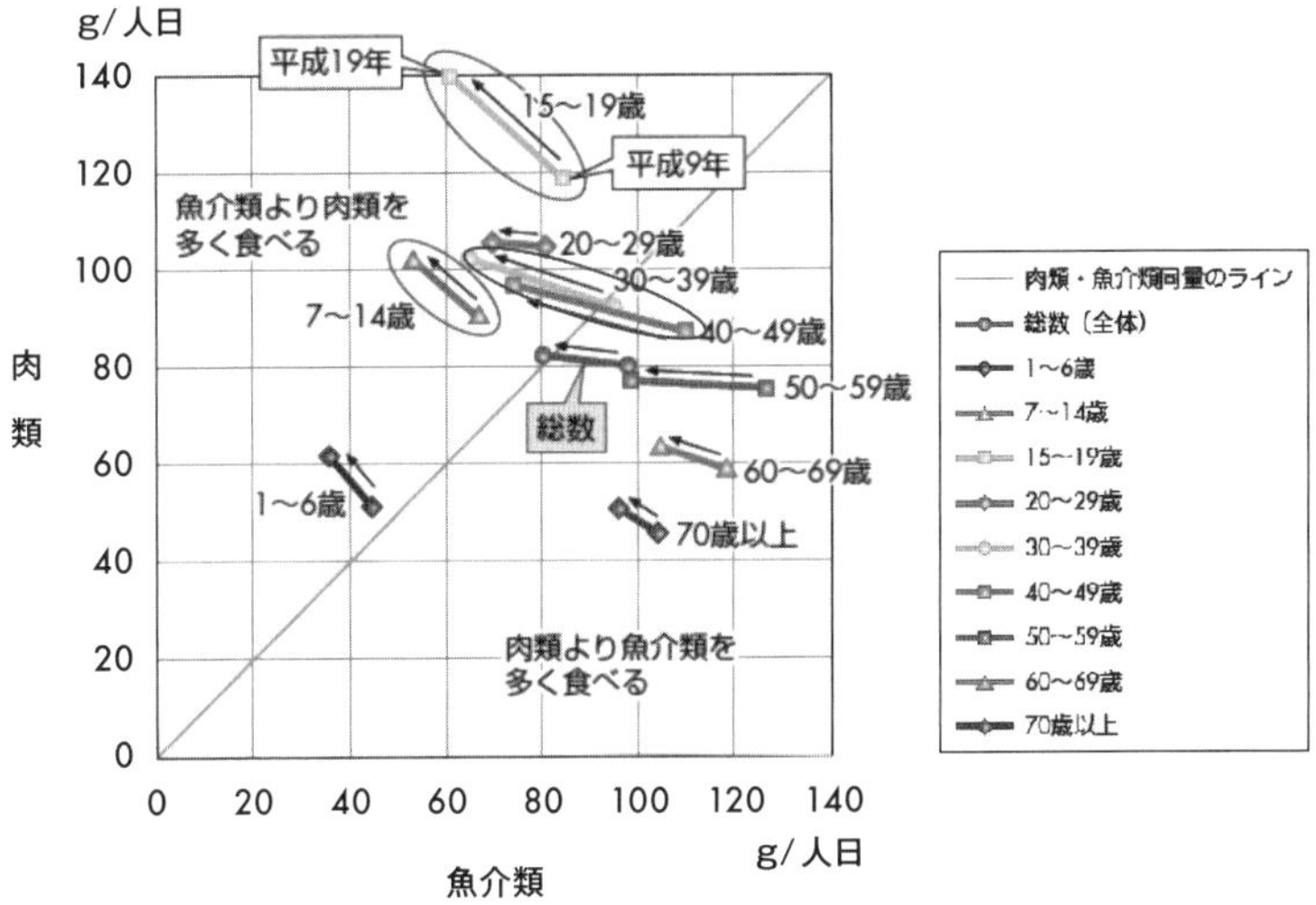

資料：厚生労働省「国民栄養調査」（平成９年）、「国民健康・栄養調査報告」（平成１９年）

1997年（平成9年）と2007年（平成19年）とで比較したものだ。

「魚介類より肉類を多く食べる」傾向はどの世代でも強まっている。かつては加齢に従い、肉より魚を多く食べるようになる傾向が見られたが、近年は事情が違うようだ。変化が起きているのは昭和30年代生まれ以降とされる。[6)]

昭和30年代生まれが前の世代以上に肉を好むのはなぜなのか。その理由は彼らが歩んできた歴史を振り返ると見えてくる。

日本が高度経済成長へひた走る時代がやってきたのは、多感な少年期にあたる1960年代後半。先のオリンピックが終わり、日本がいよいよ戦後から脱却し、先進国へと返り咲いた頃だ。おりしも集団就職により全国の若者たちが集まっていた東京は、急速に都市化していた。街全体のファッション化は食文化にも及ぶ。1969年に国内への外貨資本の参入が自由化されたことで、米国発祥のファミレスやファーストフード店が続々と上陸。1971年には銀座四丁目にマクドナルド1号店がオープンした。ちょうど米ソの冷戦が激化し、平和を求めてデモに加わる若者があふれていた時代である。若者たちが洋食文化に飛びついたのは、欧米文化へのあこがれのほかに、思想的にリベラル色が濃厚になっていたこともあるだろう。

6) 「近畿大学農学部紀要」2009.3「日本の水産物自給率」小野征一郎

こうして食の脱保守、米離れ・魚離れが進んでいった。

では、昭和30年代生まれ以降の世代は、本当に肉ばかりを食べているのだろうか。興味深いデータがある。マルハニチロ「回転寿司に関する消費者実態調査2020」の調査結果だ。同調査によれば、月に1回以上、回転寿司を利用する割合は30代が41％と最多。2位が20代の40・6％、3位が10代の36・1％となっている。買い物かご片手に町の魚屋さんに通う若い主婦は減っているかもしれないが、**少なくとも若者の間には「寿司」という新しい魚の消費スタイルが生まれているのだ。**

今の若者たちは子どもの頃からサーモンサンドイッチやシーフードサラダなどを食べて育った。インスタグラムを見れば、いろどりもはなやかな手巻きロール寿司、パフェ用カップに盛られたちらし寿司などの写真がアップされている。彼らにとって、魚は日本の伝統的な食べものというより「おしゃれなシーフード」なのだろう。

魚離れは、一概に全世代で起きている現象とはいえないようだ。

次に、魚を食べている人たちの消費行動について考えてみよう。

たとえば総務省家計調査によると、生鮮魚介類の年間支出金額は、２００７年は５万５０００円だったが、２０１６年では４万５８００円となり、16・7％減となった。年間購入量も下落の一途をたどり、２０１６年には過去最低の27・2キロになっている。

ところが、購入金額と購入量を比較すると興味深い事実がわかる。支出額が最低となった２０１２年を見るとキロあたりの支出額は１４３５円。購入量が最低の２０１６年では１６８４円。むしろ魚に支払うキロあたりの金額は高くなっているのだ。

なぜ、キロあたりの魚の購入金額は上がっているのだろうか。

価格自体の上昇のほかに、もうひとつ考えられる理由がある。生活様式の変化だ。世帯収入の構造は大きく変わりつつある。夫婦共働きの家庭が増え、時間をかけて夕食をつくる専業主婦の存在感は希薄になっている。多忙な主夫・婦たちが仕事後にスーパーに立ち寄り、買い求めるのは当然、丸魚ではなく手軽に食べられる刺身やサクなどだ。

当然、加工度が上がれば上がるほど、商品の付加価値は上がり、単価は上昇する。消費数量が減っても消費単価は高くなる――魚介の消費動向にも、女性活躍時代ならではの変化が起きているのだ。

この本を執筆中の2021年5月現在、新型コロナにより、都下は緊急事態宣言が発令されている。2020年は多くの百貨店が休業したほか、スーパーマーケットなども時短営業に追い込まれた。都心の百貨店を中心に出店する東信水産でも、2020年は客数が減った。ところが、客単価は前年を7・8％上回っている。

営業時間の短縮で、値引きタイムが短くなったこともある。しかし商品群別にみると、とくに刺身や寿司、総菜といった「即食系」は売り上げがよく、客単価の伸びをけん引していることがわかる。以前から堅調に推移していたが、新型コロナでさらに急伸したかたちだ。

おそらくお客様の買いまわり時間（複数の売り場・店舗をまわり、商品を比較検討する時間）が減少したことで、定番商品の売上構成比が高くなったためだろう。とくに東信水産における定番商品は即食性が高いため、単価上昇につながったとみられる。さらには日銀の大規模な増幣政策や、２０２０年に実施された１人当たり一律10万円の特別定額給付金により起きた「ゆるやかなインフレ」が、消費構造に変化をもたらしている、という感触がある。

魚は〝水産物〟なのか？

では、具体的に加工度の高い魚の需要はどれくらい高まっているのだろう。首都圏における鮮魚店の顧客生活環境とＭＤクラスターについて分析した次ページの表を見てほしい。

東信水産では２０１１～12年に荻窪総本店に来店されたお客様の購買行動を分析し、顧客レイヤーを表のとおり大きく４つに分けた。

首都圏の顧客生活環境とＭＤクラスター

東信水産顧客レイヤーと商品群	顧客像	自宅設備
Advanced cooker 調理時間25～50分 料理が趣味 丸魚　殻付貝　大型干物	・魚料理の知識技術に精通している ・丸魚からの種々の料理への展開 ・趣味に対して時間を多く割ける ・魚用の調味料を自身で調達する ・旬や鮮度の目利きができる ・漁法や産地についての知識が深い	魚料理に適した台所 出刃包丁 柳包丁 鱗取り 包丁研ぎセット
Middle cooker 調理時間15～30分 魚料理の情報発信層 皮付き半身フィレ　鯛腹抜き　干物	・一般的に魚料理が多い家 ・家庭人口が多く、魚が好き ・調理方法をよく理解している ・家庭の味があり、調味料もそろっている ・魚の旬に精通している ・青果や魚の旬で食卓ファッションを持つ	三口コンロ 万能包丁 出刃包丁 魚料理専用パン
Junior cooker 調理時間5～10分 魚料理の情報発信層 刺身サク　切り身　塩干物　調味料キット	・健康のため魚料理を出そうと試みている ・家で魚料理をしたいが、調味料がない ・焼くだけはできる ・家庭の味までは追求できない ・いくら、鯵の干物などを多く食べる ・朝食を作る時間がある ・レシピがあれば魚料理ができる	電子レンジ フライパン グリル 万能包丁 レシピ本 インターネット
Entrance customer 調理時間0～5分 刺身　寿司　簡便料理 生食提案　加熱提案	・自宅で加工せずにそのまま食べたい ・家に魚料理をするための設備がない ・魚の食べ方は調理ではなく生食 ・お酒がメインで、つまみ目的 ・魚料理に対しての知識が少ない ・魚の鮮度や品質がわからない ・自分でサクから刺身を作れない	電子レンジ フライパン

構成比80%（Junior cooker・Entrance customer）

まず、調理時間が25〜50分の「Advanced cooker」。料理が趣味で魚料理に精通し、自由自在に旬の魚をさばき、刺身もアクアパッツァも自分で作ってしまう。出刃包丁も柳刃包丁も持っており、台所の設備も整っている。丸魚、殻付貝を購入するのはこの層だ。

調理時間15〜30分の「Middle cooker」は家庭の味にこだわり、日常的に魚料理を作るような顧客だ。調味料もそろっているし、いちおう出刃包丁もある。三枚おろしにして骨を抜いたフィレや半身、エラやはらわたを抜いた魚をよく買う。

一方、「Junior cooker」と呼ぶ層は調理時間5〜10分。調味料もそろっていないので、家庭の味までは追求できないが、焼き魚くらいは作れる。ただ健康のためにもできるだけ魚料理を作りたいとは思っている。購入するのは刺身のサクや切り身、塩干物など。照り焼き、みそ煮のタレといった調味料キットも、切り身魚とセットになっていれば買う。

最後のレイヤーは「Entrance customer」。調理時間は0〜5分だ。生活時間が限られているために長時間の料理を好まない。または、自分で作るのではなく、プロが調理した寿司や刺身を食卓へ出すことで、シーフードをファッションとして生活に取り入れている。

調理に時間をかけない人々はけっして少数派ではない。**むしろ東信水産の顧客においては「Advanced cooker」や「Middle cooker」こそ少数派であり、「Junior cooker」の「Entrance customer」の構成比が約80％を占めているのである。**

魚を〝鮮魚〟〝水産物〟と考えると、どうしてもマーケットは小さくなる。だが、〝総菜（中食）〟ととらえると話は大きく変化してくる。

世界が求めてやまない魚の健康効果

最後に、農林水産省による消費者モニターアンケート（２０１６年）の結果にも着目してほしい。魚の摂取を増やすようになったかという質問に対し、減ったと答えた人は38％だったが、増えたと答えた人も約30％に及んだ。増えた理由の1位は「健康に気を使うようになった」だ。

実際、魚の脂質に含まれるＤＨＡ（ドコサヘキサエン酸）、ＥＰＡ（エイコサペンタエン酸）などのω－３（ｎ－３）系多価不飽和脂肪酸による健康効果は高い。す

世界の魚介類消費量の推移（粗食料ベース）

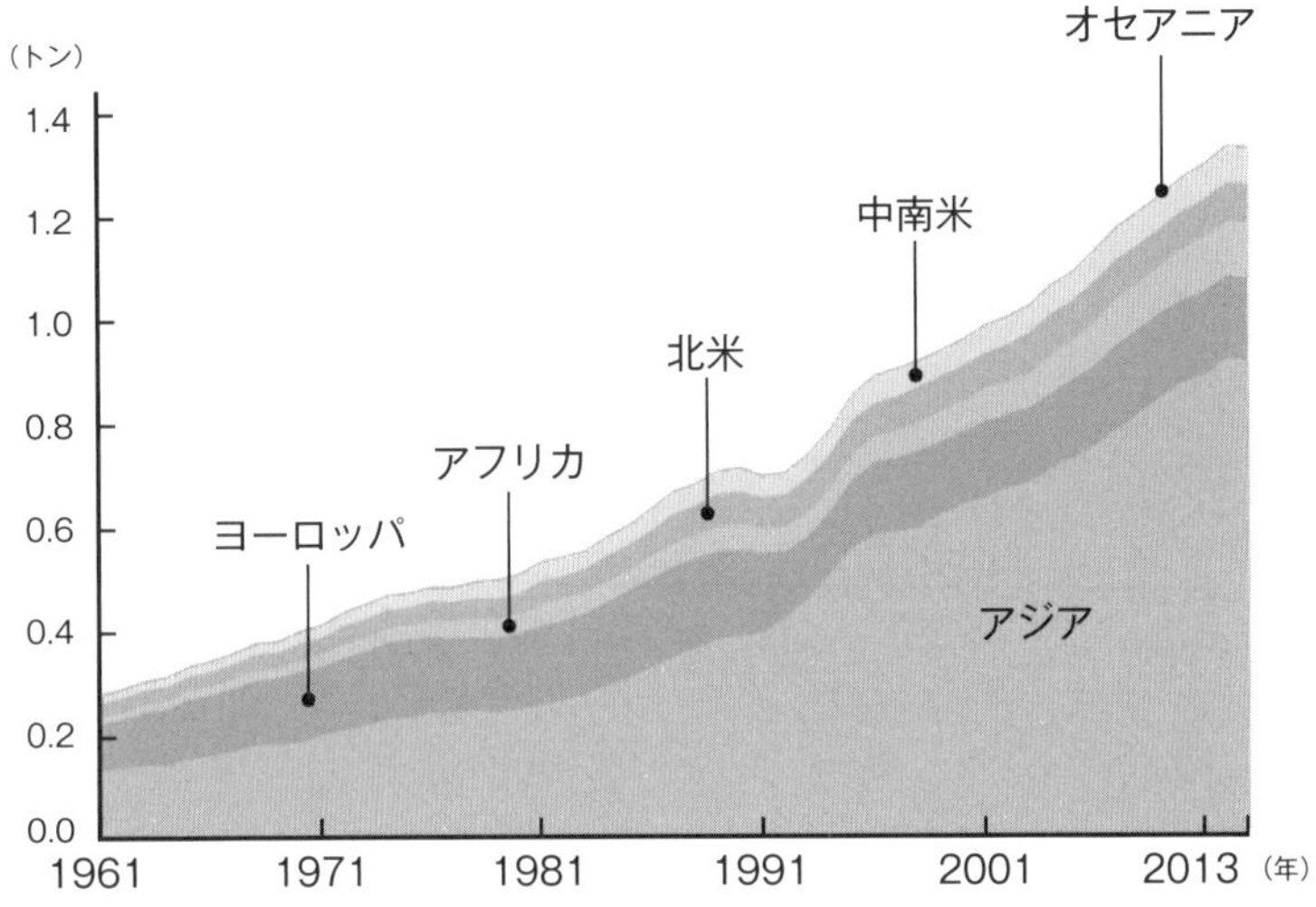

資料：FAO「FAOSAT（Food Supply-Livestock and Fish Primary Equivalent」（日本以外の国）
及び農林水産省「食料需給表」（日本）

い臓がん、肝臓がん、男性の糖尿病の予防、肥満の抑制、心臓や血管疾患リスクの低減などの効果がさまざまな研究で認められている。血中のＥＰＡ濃度が高い人ほど抑うつ状態になりにくい可能性があるという研究報告もある。また、ＥＰＡの代謝物であるプロスタグランジンは血管膨張作用も認められていることから、循環器系の薬、サプリメントとしても市販されている。

大人の生活習慣病予防だけでなく、子どもの健やかな発育にも魚食は欠かせない。アメリカの研究機関では、「魚介類を摂取している母親から産まれてくる子どもは、幼児期の言語知能指数が高い」ということを示唆する結果を発表した。魚介類の摂取量が週に３４０グラム以上摂っている母親から産まれた子どもは、そうでない子どもと比べ、生後42ヶ月ですでに優位な差をつけているという。しかも両者の差は８歳時点でさらに大きく広がるという。幼児期の言語知能指数は教育の習得度を左右する。魚介の摂取の大切さを物語る研究結果といえるだろう。また、ＤＨＡを添加した人工乳を生後まもない乳児に摂取させることで、網膜や視神経の発達が促され、発達指数や知能指数を上昇させることもあきらかとなった。[7)]

7)　水産庁「平成29年度水産白書」第２章第４節（２）水産物消費の状況
水産庁「平成20年度水産白書」第１章特集２　図Ⅰ-4-15　妊娠中の母親の魚介類摂取量が生後42か月及び８歳の子どもの言語知能指数に及ぼす影響

さて、いかがだろうか。**世界に目を向ければ、健康志向を背景に魚介類の需要は拡大中だ。**とくに新興国の魚食は伸びており、過去半世紀の推移をたどると、インドネシアでは約3倍、中国では8倍に増えた。

基本的に魚屋は儲からない。だが、見方さえ変えれば、じつは魚の市場は大きいことがわかる。日本の水産業界がそのニーズを見抜き、掘り当てていないだけなのだ。

次章からは水産業界のサプライチェーンを上流から順にたどり、どこにチャンスがあるのか探っていこう。

第2章

養殖という価値

国民の人気魚、サーモンとブリの秘密とは

日本人はイカ、エビよりサケ、ブリを食べるようになった

ここ30年ほどの間に、日本人が食べる魚種はずいぶん様変わりしたようだ。

総務省家計調査から1人1年当たりの魚種ごとの購入量を見ると、1989年は1位イカ、2位エビ、3位マグロ、4位アジ、5位サンマの順。ところが2018年では、1位サケ、2位マグロ、3位ブリ、4位エビ、5位イカがトップ5位となった。イカやエビが順位を下げ、かわりにかつては5位以内に入っていなかったサケやブリがランクインしている。

著しい上昇が確認できるのがサケだ。同調査によると1990年代から購入量が急増し、その後、安定的に推移している。

なぜ、サケは日本人に好まれるようになったのだろう。

その理由について説明するまえに、簡単にサケの基本情報に触れておこう。

サケにはじつにさまざまな種類がある。諸説あるが、サケ目サケ科はタイヘイヨウサケ属、サケ属、サルモ属、イトウ属、イワナ属など11属に分かれ、種は66種に

1）「日本水産学会誌」72巻4号（2006年）「サケ科魚類の生活史戦略と個体群動態に関する研究」帰山雅秀

生鮮魚介類の1人1年当たり購入の上位品目

	1989年	1993年	1998年	2003年	2008年	2013年	2018年
1位	イカ	イカ	イカ	イカ	イカ	サケ	サケ
2位	エビ	エビ	マグロ	マグロ	サケ	マグロ	マグロ
3位	マグロ	マグロ	サケ	サケ	マグロ	イカ	ブリ
4位	アジ	アジ	エビ	サンマ	サンマ	ブリ	エビ
5位	サンマ	サンマ	アジ	エビ	エビ	エビ	イカ

資料：平成30年度水産白書の資料をもとに作成

もおよぶとされる。[1]

一般的に日本では「サケ・マス」と総称するか、ニジマスを除いたものをひとくくりに「サケ」と呼んだりするが、欧米などでは、成長すると河川から海へ下るものを「サーモン」、成魚となっても河川や湖などで過ごすものを「トラウト」と区別しているようだ。

国や地域によって名称が異なるのは他の魚と同様だが、サケの場合はとくにややこしい。アトランティックサーモンなどは釣り上げられた場所や時期によって数十種類もの異名があるという。日本でも川にいるものと海に下ったものとで名称が異なることが多く、イワナは海に下るとアメマス、ヤマメはサクラマス、ヒメマスはベニザケと呼んだりする。[2]

おびただしいサケの群れが産卵のため川を遡上するシーンは、テレビや映画などでお馴染みだろう。たとえば、宮城県さけます増殖協会ＨＰによると日本の川で生まれたシロサケの稚魚は、自分でエサが獲れるようになるとオホーツク海をめざす。数か月、オホーツク海で過ごしたあとは越冬のため北太平洋へ。さらにベーリング

2）『からだにおいしい魚の便利帳』（藤原昌高著　高橋書店　2010）

海、アラスカ湾などを回遊し、２～３歳になると東カムチャッカ半島沿いに千島列島を南下。生まれ故郷の日本の川に帰る。[3)]

さまざまな種類、名称をもつサケだが、日本で食用とされるのはキングサーモン、シロサケ、カラフトマス、ギンザケ、ベニザケ、サクラマス、アトランティックサーモン、ニジマスだ。ただ、１９８０年代までスーパーマーケットに並ぶ一般的なサケといえば、国産のシロサケ、または輸入もののベニザケが多かった。そこで以下より、シロサケ、ベニザケについてざっと見ていこう。

シロサケは昔から日本の食卓に馴染んできた国民魚だ。成熟にともない体表は黒ずみ、赤、黄、紫などの模様が現れる。塩鮭や荒巻鮭、イクラ、筋子、フレークなど、さまざまなかたちで活用されてきた。多くは繁殖期の秋に漁獲され、秋鮭、秋味の名称で店頭に並ぶ。先述の通り、生活史の大半を海で過ごすことで知られ、産卵期はエサをとらずひたすら故郷の川をめざすとされるだけに、さっぱりとした身質が特徴だ。

3)　宮城県さけます増殖協会ＨＰ
「サケの生活史と気候変動」（帰山雅秀　Biophilia Vol.4 No.3 2015）

同じシロサケでも春に獲れるトキシラズ（時知らず）は卵巣や白子がない分、秋のものに比べて脂肪がよく乗り、美味とされる。また、未成熟な状態で獲れるケイジ（鮭児）は、上質な肉質でサケの最高級といわれる。数万尾に1尾ともいわれる幻の魚だ。

ベニザケは濃いオレンジ色の身質が特徴である。成熟するにつれ、体表の色も婚姻色と呼ばれるあざやかな紅色に染まる。ほかのサケと違って、多くは川から直接、海へ下らず、まず湖に移動して1年から数年を過ごす。その後、降海し、産卵のため再び生まれた川へと帰る。主として漁獲されるのは湖の多いアラスカやカナダ、ロシアだが、日本でも放流が行われている。養殖の取り組みは進んでいるものの、市場に流通しているものは基本的に天然ベニザケのみなので、たいてい天然ものであることを表示するシールが貼られている。

シロサケ、ベニザケは基本的には切り身として販売されることが多かった。いずれも鮮度劣化による退色が起きにくく、魚屋としても包装なしで裸売りしやすい商品だったといえる。用途は朝食の定番の塩焼き、ムニエル、ホイル焼きなど。つまり昭和の日本人にとって、サケ＝「焼き魚」だったのである。

だが、やがてこの常識が覆される時がやってくる。ノルウェーがまったく新しいサケの食べ方を日本に持ち込んだためだ。

ノルウェーが注目した高価格帯のすし市場

ノルウェーでは国策としてアトランティックサーモンの養殖に力を入れていた。１９７８年には政府による養殖業者販売組織も設立されている。

アトランティックサーモンはサケの中でも比較的大型で、肉厚なばかりか脂肪もつき、うまみも強い。北大西洋やその流入河川に生息しており、川から海に下ると北極圏などに近い海域をめざす習性がある。

複雑な湾や入り江が連なるノルウェーのフィヨルドは、アトランティックサーモンの養殖には向いていた。０・９〜１・２キロのエサで体重を１キロ増やすことができるとされ、加圧成形し、消化吸収に優れた配合飼料、ＥＰペレットを使えば工業的に育成できる点も、養殖業者には魅力だったといえる。

かつてサケ産業といえば、世界的にカラフトマスの缶詰加工が主流だった。第一次世界大戦、第二次世界大戦時には軍需産業としておおいに発展したが、不漁で下火になっていったうえ、1982年に起きたアラスカ産サケ缶のボツリヌス菌混入事件で、サケ缶の需要は落ちた。

缶詰のかわりに需要が高まったのがフィレなどにおろした生サケだ。ちょうどコールドチェーンや飛行機のサービス網が発達していた時期でもあり、肉と同じように生サケを世界的に販売しようとする業者が次々に現れた。

ノルウェーの養殖業者販売組織はこのチャンスを逃すまいと販路拡大計画を立て、多額の資金を投じて世界的にマーケティング活動を展開していった。とくに注目したのは美食で知られるフランス、そして魚食文化の伝統をもつ日本だ。なかでも日本の寿司市場に興味を抱いた。「あらゆる魚の刺身を食べる日本人なのに、なぜサケは寿司ネタにならないのか？」と不思議に思ったらしい。

切り身市場はすでに他のサケが寡占しており、入り込む余地はなかった。だが、マグロに代表されるような刺身用市場なら商品単価も上げやすい。安さを売りにするのでなく、鮮度、味、食感、脂身の豊富さなどを前面に打ち出し、生食商材として提案することにした。鮮度落ちによる退色も少ない点も刺身に向いていた。

サケ市場ではなく「サーモン市場」をつくれ

ノルウェーの政府や業者たちは「プロジェクトジャパン」を立ち上げ、１９８５年には、漁業大臣や業者による代表団が訪日、刺身用アトランティックサーモンを強力にＰＲした。

だが、当初、日本人の反応は芳しくなかったという。天然のサケにはアニサキスなどの寄生虫がひそんでいる可能性がある。だから生食は避け、必ず加熱して食べなければならないというのが日本人の常識だった。例外は生のサケを凍らせて食べるアイヌの伝統料理、ル・イベくらいだ。[4]

「養殖魚だから寄生虫の心配はない」「ノルウェー政府がスカンジナビア航空のシャトルを飛ばし、水揚げしたてのサーモンを空輸する」などと説明しても、「サケの刺身」はなかなか受け入れてもらえなかった。

4）　『鮭の歴史』（ニコラース・ミンク著　大間知 知子訳　原書房　2014）

鳴かず飛ばずで数年が経ったとき、「問題は品質ではない、イメージなのだ」と彼らは気づいた。そこで今度は、「サケ」ではなく「ノルウェーサーモン」のブランド名でマーケティング戦略を展開し始めた。作戦は功を奏した。1988年時点で日本に輸入されるサケ・マスの数パーセントに満たなかったノルウェー産サケは、2012年には、生鮮冷蔵の輸入サケ・マスのおよそ90％超を占めるようになった。[5)]ちょうど過熱していた寿司ブームも、アトランティックサーモンの人気を押し上げたといえる。

日本の商社が育てたチリ産サーモン

こうしてサケは、焼き魚、和食のイメージから見事に脱皮を遂げた。今やおしゃれな寿司やサラダなど、身近なシーフードとして親しまれるようになっている。値ごろで調理しやすいところも働く女性に歓迎されているようだ。

魚屋にとってもサケは売りやすく、ありがたい魚だ。先述の通り、独特の赤やオレンジ色はくすみにくく、お客様は「鮮度がいい」という印象を抱くようである。

5) 東京税関「サケ・マスの輸入」平成25年12月18日

ちなみに、じつはサケは赤身魚でなく白身魚だ。血色素であるヘモグロビンとミオグロビンが筋肉中にあまり含まれないためである。赤みがかっているのは、エサとなる甲殻類に天然色素でカロテノイドの仲間で赤色のもととなる抗酸化物質、アスタキサンチンがふんだんに含まれているからだ。

現在、サケの養殖にもっとも成功しているといわれる国はチリである。日本の商社やノルウェーの企業が投資し、長い海岸線を活かした養殖事業が1990年代から大々的に営まれるようになった。なかでもギンザケが有名で、味と価格のバランスがよく、日本でも人気に火が付いた。2012年には20・8万トンのサケが日本に輸入されたため、サケ全体の相場が安値となったほどである。[6)]

魚屋としてもチリ産サーモンの仕入れには神経を使う。というのも、数年に一度、チリ産サーモンが大暴落し、業者が相次いで倒れることがあるからだ。水産業界に身を置く人なら、「大手水産の上期、チリ銀暴落で苦戦」（週刊水産タイムス2012年11月12日）「チリ：漁業団体とサーモン養殖業界の株価下落」（nambei.jp 2018年2月5日）といったニュースを時折、目にするのではないだろうか。

---

6)　農林水産省　統計部「平成29年度　国際漁業資源の現況」さけ・ます類の漁業と資源調査

南米大陸にあるチリの経済は、米ドルの影響を強く受ける。生産や物流をはじめさまざまなコストは米ドル相場に左右されやすい。もちろん、ノルウェー産の価格も英ポンド、ユーロの影響を受ける。

つまり、サーモンを扱うには米国、英国の動向に対してつねにアンテナを立てていなければならない。1尾あたりの単価は安くても取扱量が多いため、ひとつ間違えると損失は多大なものになる。市場相場と為替相場という2つの変数を抱えているうえ、商品寿命は短い——店頭に何げなく並んでいる生食用輸入サーモンには、業者の苦労が隠れているのだ。

なお、キングサーモンはロシア、アラスカ産のほか、最近はニュージーランド産の養殖ものが増えている。キングサーモンの標準和名はマスノスケ（鱒の介）。「マスの大将」という意味だが、その名の通り、80～100センチ以上と、サケの中ではもっとも大型で、味といい、脂ののり具合といい素晴らしく、最高級とされる。バブル期にはスーパーマーケットの店頭でもよく見かけたものだが、値ごろなノルウェーやチリのアトランティックサーモンが普及すると、流通量は減ってしまった。

日本人にとってサケは高級食材というより、あくまで日常的な〝おかず〟というイメージが強いせいかもしれない。

日本の河川に遡上することはまれなので国産は希少だが、北海道函館市では２０２１年度より全国初のキングサーモンの試験養殖に乗り出すことが報じられている。今後に期待したい。

ノルウェーサーモンの成功事例から学ぶ養殖魚の可能性

ノルウェーサーモンの快挙は、われわれ日本人に養殖魚の可能性をあらためて教えてくれる。

ノルウェーサーモンは通年漁獲できる。天然もののように秋の遡上シーズンを待つ必要はない。したがって、つねに一定の流通量が確保できる。飛行機の積載効率を上げられるので、定期的に空輸便を飛ばすことも可能だ。販路も確保しやすい。

とくにノルウェーサーモンの場合、初めから海外輸出を目的に開発されたため、生産拠点、生産管理体制、物流、さらにマーケティングが一体となり、戦略が展開されてきた。
日本の市場は昔から天然もの信仰が強く、養殖魚はあたかも天然魚の代用品のように扱われてきた。だが、これからは違う。乱獲によって水産資源が失われつつある時代だ。通年供給が無理でも、少なくとも市場流通量を把握したうえで適切な量を計画生産していくマーケットイン戦略が求められる。先述したとおり、ノルウェーやチリをはじめとする海外各国ではすでに養殖へのシフトが進んでいる。実際に、世界の養殖魚の漁獲量は2014年時点で52％と天然魚の漁獲量を上回った。[7]
養殖魚はエサにより、身質や味が大きく変化するという特徴もある。食のトレンドを注視しつつ、エサを変えて味を改変することも将来的には可能になるだろう。

アトランティックサーモンは日本で育てられるのか?

日本でも古くからサケの養殖が行われており、ニジマスの内水面養殖などは1877年から開始されている。[8] 1970年代にはキングサーモン（マスノスケ）、カラフトマス、スチールヘッドトラウトといった降海型のニジマスの養殖企業化試

7) FAO「Fishery and Aquaculture Statistics」

験が行われるなど、養殖へのチャレンジがさかんになった。ギンザケ養殖も、宮城県志津川町を筆頭に新潟県、石川県、福井県、島根県、三重県、香川県、北海道などへ広がっている。しかし、チリ、ノルウェーからの輸入サーモンの登場などで魚価が低迷し、生産量は一時より減少した。

シロザケもそうだが、そもそもギンザケは魚体もさほど大きくならず、歩留まりがよくないという問題もある。また、小さければ小さいほど肉質が弱く、劣化のスピードも速くなってしまう。

では、アトランティックサーモンを養殖すればいいではないかと思うかもしれない。一見シンプルなブレイクスルーだが、アトランティックサーモンの海面養殖認可を受けるには、日本では多くのハードルがある。

地理的な問題もある。アトランティックサーモンは温かい水が苦手なのだ。生育温度は高くて摂氏15度が限界である。日本は北緯45度31分（宗谷岬※択捉島は北緯46度）から北緯20度（沖ノ鳥島）におよぶ縦に長い列島だ。そのうえ黒潮、親潮、対馬海流、リマン海流とさまざまな海流の影響から、四季折々で海水温が変わる。

8)　マルハニチロ HP　サーモンミュージアム　サケの養殖事業

通年、生育できる環境はほとんどないといっていいだろう。期間限定で育てたところで越夏できないため、大きくならず、高く売れない。運賃効率も悪くなってしまう。海面養殖で商売するには、多くの試行錯誤を求められることになりそうだ。

なお、２０１９年、外資系スタートアップのソウルオブジャパンが、人工海水による生食用アトランティックサーモンの陸上養殖事業に乗り出した。三重県津市に工場を建設し、日本の大手商社が国内販売を担う予定だが、２０２０年12月現在、出荷予定は２０２３年の見込みである。[9)]

陸上養殖は近年、脚光を浴びており、鳥取県のサバ、栃木県のトラフグ、沖縄県のヤイトハタ、千葉県、福島県のニジマス、茨城県のチョウザメ、新潟県のバナメイエビなど、試行、事業化が進む事例も見られるようになってきた。[10)]ただ、設備コストがかかるので、中小業者の手には余ってしまう。地域への塩害が出ないよう排水システムを整えたり、敷地面積を確保するための優遇制度を設けたり、といった準備も不可欠となってくる。

サケの輸入依存度を減らし、量、価格、質のすべての面で国産品を安定供給でき

---

9)　日本経済新聞 2018.10.18
伊藤忠商事プレスリリース　2019.7.31

10)　「我が国の養殖業と成長産業化に向けた論点整理」（水産庁監修　令和２年３月10日版）

るようになるのは、どうやら将来の話になりそうだ。

ただ、世界中ほぼどこでも円相場で価格が決まるマグロとちがい、ドルで取引されるサケは輸出にも不利だ。魚屋としては、グローバルにモノが流通する時代においては、サケ以外にも注力すべき養殖があるのでは、と感じる。国は国内市場の動向も見つつ、養殖業を育成すべきだろう。

天然魚にひけをとらない養殖魚、ブリ

「養殖魚は安くて当然」という消費者の根強い意識も、養殖の伸び悩みの一因だろう。売価が低いままでは、手間とコストのかかる養殖業は割の合わないビジネスになってしまう。

ところが最近、天然魚をしのぐ価格で取引される養殖魚があらわれた。冒頭でも挙げた人気魚種、ブリだ。よく知られるのが香川県の「オリーブぶり」「オリーブハマチ」である。これらを筆頭に近年はブランド養殖ブリが次々にお目見えしている。値崩れしやすい天然ものとちがって相場は通年安定しており、天然ものを超え

る時期もある。

スズキ目アジ科のブリは、回遊性で北西太平洋に生息し、日本を代表する魚である。成長すると70センチを超える魚体に育つ大型魚だ。

成長にともなって呼称が変わる「出世魚」で、関東ではワカシ、イナダ、ワラサ、ブリ、関西ではワカナ、ツバス（ヤズ）、ハマチ、メジロ、ブリと、魚体が大きくなるにつれ呼び方を改めていく。このため、とくに北陸、西日本では縁起のよいめでたい魚とされ、大みそかには「年取り魚」として塩ブリを食べる習慣が根づいている。

余談だが、年取り魚は東西で違いがある。日本列島の中央に走るフォッサマグナの西縁「糸魚川─静岡構造線」から東側はサケを、西側はブリを食べる地域が多い。[11)]

ブリは寒くなればなるほど味わいを増す。まさに冬の味覚といえる魚だろう。皮下脂肪がびっしりとついた切り身をグリルすると皮が黄金色に泡立ち、プチプチと

11） 新潟食料農業大学 HP

弾ける。刺身で食べればとろけるような味わいだ。

ただ、温かい水を好むため、水温15度以下では越冬できない。よく知られる富山県氷見市の「ひみ寒ブリ」は、11月下旬～2月と真冬に旬を迎えるが、じつは富山湾の表層部には暖流である対馬海流が入り込んでおり、比較的水温が高い。安心して冬を過ごせる場所といえる。

「オリーブぶり」「オリーブハマチ」を生み出した香川県はその点、水温変化の大きな瀬戸内海に面している。冬季の備讃瀬戸や播磨灘の冬季平均水温は15度を下回るため、養殖期間、出荷期間が限定される。さらに地域の天然ブリの漁獲が落ちると、それに引っ張られてブリ自体の相場が下がり、養殖ブリの単価も落ちてしまう。全国的にいえることだが、そうでなくてもエサの価格高騰、魚全体の消費量の減少など、売り上げに対する養殖事業のコストは年々上昇する傾向にある。

では、香川県はどうやって負の要因を克服し、ブランドブリの普及に成功したのだろうか。詳細を、「海洋と生物」(生物研究社)2016年10月号に掲載された「フルーツ魚の開発」における香川県水産試験場 大山憲一氏の論文をもとに追っていこう。

もともと同県は1928年と、日本でどこよりも早くハマチ養殖を事業化している。それだけに業者も県もハマチ、ブリ養殖の再興を願う気持ちは強かったそうだ。きっかけは2007年。香川県や香川県漁業協同組合連合会など県内の水産団体が、「野網和三郎生誕100年・ハマチ養殖80周年記念事業」と銘打ち、香川県独自のハマチの開発に着手した。野網和三郎は日本で初めてハマチの養殖に成功した香川県の水産家である。[12)]

開発における最大の課題は「血合いの色変化をいかに抑制するか」だったという。ハマチ(ブリ)の血合いは色素たんぱく質のミオグロビンの酸化により、赤色から

12) 「フルーツ魚の開発」(深田 陽久,大山 憲一,山下 浩史,木藪 仁和 海洋と生物 2016.10)

褐色に変化しやすい。血合いの色が変わっていると「鮮度が落ちている」と思われるため、小売店も飲食店も扱いたがらない。なんとか色変化を食い止めようとカテキン、アスタキサンチン、ブドウ種子など抗酸化作用のある物質を添加したエサが当時、次々に誕生していた。

というのも、ハマチ（ブリ）は雑食のうえ食欲旺盛な魚で、天然魚はカタクチイワシ、イワシ、コウナゴ、アジ、サバ、イカ、シラス、アミとありとあらゆるものを食べる。しかも消化力が強い。反転腸管法といって腸を表裏にひっくり返し、さまざまな成分の消化・吸収を調べる実験手法があるが、魚類生理学ではハマチ（ブリ）をよく使うほどだ。

大山氏をはじめとする香川県の開発チームが、エサの添加物として着目したのはオリーブだった。高い抗酸化作用をもつうえ、平和の象徴とされ、香川県の県花・県木でもある。県魚であるハマチと組み合わせるのはいいアイデアに思えた。

ただし、高額なオリーブオイルをエサに混ぜるわけにはいかない。ならば、葉を活用できないだろうかと大山氏らは考えたという。オリーブの葉は抗酸化作用をもつポリフェノールをふんだんに含んでいることが、海外の研究ですでにあきらかにされていた。また、オリーブの樹木は毎年剪定が必要なので、新鮮な葉が大量に入手できる。

問題はオリーブの葉がもつ独特の苦みだった。はたしてハマチやブリが食べるだろうか、という懸念があった。

大山氏らはオリーブ葉粉末を給餌するグループと給餌しないグループに分け、それぞれにハマチ３２００尾ずつを入れて養殖試験を行った。グループにより、摂餌量には変化が見られなかった。よって、オリーブ葉粉末を含有するエサでもハマチ養殖が可能であることがわかったという。

さらに、オリーブ葉粉末を与えたグループでは、血合いの色変化の原因であるミオグロビンの酸化があまり見られず、色変化も抑えられていることが大山氏らの研究で明らかになった。

研究の成果を確認したうえで、いよいよ生産が開始された。香川県産のオリーブ葉粉末をモイストペレット（エサ）に２％以上添加し、出荷前の20日間以上連続して給餌したものを「オリーブハマチ」と名付けた。大型のものは「オリーブぶり」とした。

全国に展開したさかんなＰＲ活動も実を結び、２００８年の発売開始以来、出荷量は年々増えていった。２０２０年度のオリーブハマチの出荷尾数は約25万尾となっている。

血合いの色が変化しづらいということは、小売店にしてみれば、それだけ商品価値が落ちにくいということであり、店頭に置く時間も伸びるということだ。フードロスも軽減できる。今後、ＳＤＧｓや食品ロスについての議論が高まることを考えると、養殖によって商品価値を向上させる研究はさらに必要とされるだろう。

なお、その後の香川大学農学部と香川県水産試験場の研究により、オリーブハマチは通常の養殖ハマチに比べて歯ごたえにすぐれており、冷蔵しても肉質の軟化が起きにくいことがわかった。またオリーブハマチの筋肉中に含まれるコラーゲン量は通常のハマチより豊富であることも明らかとなっている。[13]オリーブの葉を魚に給餌する方法は世界でも少なかったが、あえてチャレンジしたことにより、水産業

13）「オリーブ葉粉末の給餌がブリ普通肉の歯ごたえに与える効果」（大山憲一ほか　日本水産学会誌　2020.11）

界にとって有用な成果につながったのである。

価格より付加価値で勝負する時代

エサを工夫することでブランド魚として売り出した養殖ブリはほかにもある。柚子果汁を混ぜた鹿児島県長島町の「柚子鰤王」（ゆずブリおう）。伊予柑や温州蜜柑（うんしゅうみかん）の搾りかすを添加した愛媛県宇和島市の「宇和島みかんブリ」。カボスの皮や果汁を入れた大分県の「かぼすブリ」「かぼすヒラメ」。いずれも「フルーツ魚」といって、ポリフェノールを含む柑橘系の果実成分をエサに混ぜて与える。血合いの色変化を抑えるとともに、魚の臭みを抑えることが可能だ。このほか、同じくポリフェノールを含むカカオをエサに取り入れた「チョコブリ」（愛媛県）も近年、販売されている。

環境を変えることで付加価値を増したブランドブリも売れている。大分県の「ひろびろいけすぶり」などはその典型だろう。通常の海面養殖のものに比べ、大きな生け簀を使用して育てる。ブリの運動量が高まるだけでなく、水深の深さから適度な水圧がかかり、細胞が細やかで引き締まった身質のブリになるという。

ブランド魚については10章でも解説するが、これだけブリ養殖がさかんになったのは、かかったコストを回収してくれる魚だからこそだろう。先述したとおりブリは昔から高級魚とされていた。今後は消費マインドがさらに変化し、「価格より付加価値で勝負できる魚種」という認識が広がれば、と思う。漁労者の努力に応える消費構造となることを願ってやまない。

しかし、現状では多くの養殖業者が苦戦を強いられている。というのも、世界的に人口が増加し、魚食が普及したことで、エサの原料であるイワシ、アジ、サバは枯渇しているからだ。以前ならペットフード用だったサイズの魚も人間用になるほどだ。そのせいでいまや養殖業における経費の6〜7割はエサ代が占めているのが現実である。**つまり、付加価値を最大限に高め、価格を上げなければ養殖業は存続できなくなっているのだ。養殖魚が天然魚の代替品でよかった時代はもはや過ぎ去ってしまったといっていい。**

かつて世界一の水産大国だった頃の日本では、魚は獲れば獲れただけ売れた。また、漁協システムが強力な生産地経済においては漁業者は漁協の方針に従うことが求められたため、地域差はあるが、独自の工夫にも限界があった。だが、経済的な背景も変わり、輸入魚が市場を席巻するいまは違う。

畜産農家のような努力から生まれる新しい魚たち

ブリの養殖業者たちの漁労努力から思い出されるのは、1990年代における畜産農家の努力と工夫だ。時代の転換が訪れたのは1988年。日米貿易交渉でオレンジと牛肉の自由化が決定し、輸入制限枠を撤廃したうえで関税率を引き下げていくことが決められた。91年から米国、カナダ、オーストラリア、ニュージーランドの輸入牛肉が出回るようになったが、日本の生産者は高付加価値商品に活路を見出した。赤身にサシがバランスよく混じる良質な黒毛和種などを育て、安価な赤身輸入肉に対抗したのである。今や世界中で食べられるようになった「WAGYU」は、厳しい競争と危機意識から生まれたといえる。

養殖ブリも同じように競争にさらされていた。相場が乱高下する天然ブリや輸入サーモンとの価格競争から脱却し、差別化を図るには新しい価値を創造するしかなかった。だからこそ、創意工夫が生まれ、新しいマーケットの開拓につながったのだ。

ブリだけでなく、マダイ、カンパチ、クロマグロ、トラフグ、シマアジなどさまざまな高級養殖魚も登場している。また技術面においても、先述の陸上養殖のほか、ＩｏＴを駆使し、海水の塩分濃度、水温、エサの量などの最適化を図る「スマート水産」、大豆などを使い魚粉量を減らす「低魚粉飼料」などが注目されつつある。

売り方の工夫も重要だ。魚のよさをアピールする従来の販促はどこもやっていることだ。取り扱う魚屋のメリットに加え、消費者が生活に取り入れるメリットや食卓イメージを訴求している必要があるだろう。でなければ他商品と差別化できず、価格も上がらない。ノルウェーのマーケティングが生食サーモンの文化を生み出したように、戦略によっては従来の魚のイメージが刷新され、人々の食生活も変化することがある。

消費者にもっとも近い魚屋も、養殖魚の価値をお客様にしっかり伝えていかなければならないと思っている。

なお、東信水産のホームページでは、ブリを使った手軽な料理レシピをいくつか紹介しているので、ここで挙げておこう。

オリーブぶりとほうれん草の和え物

材料（2人分）

オリーブぶりサク（刺身用）
…150グラム

ほうれん草…4茎

なめこ…1／2袋

（A）

しょうゆ…大さじ1

砂糖…小さじ1

酢…小さじ1

①ほうれん草となめこは、それぞれ熱湯でさっと茹でてから流水で冷やし、水気をよく切る。
②ほうれん草は3センチの長さに切る。オリーブぶりは7ミリの厚さに切る。
③混ぜ合わせた（A）で材料を和える。

ブリのマヨホイル焼き

材料（2人分）

ブリ切り身…2切
マヨネーズ…大さじ1
エリンギ…1本
まいたけ…40グラム
小ネギ（小口切り）…大さじ1

塩…少々
（A）
酒…小さじ2
しょうゆ…小さじ2

①ブリは（A）をまわしかけ、冷蔵庫で20分ほど漬ける。途中で10分ほど経ったら上下に返す。エリンギ、まいたけは食べやすい大きさにする。
②アルミホイルの中央に汁気を切ったブリをのせ、上に半量ずつマヨネーズを塗る。
③エリンギ、まいたけを添え、塩をふる。全体をアルミホイルで包む。
④オーブントースターの高温で10分焼いたら、ホイルを開け、5分ほど焼いて焦げ目をつける。
⑤小ネギを散らす。

（料理　渡部和泉）

第3章

冷凍の魔法

時を止める技術の奥深き世界と可能性

その〝生〟シラスは生ではない？

私たちがスーパーマーケットで手に取るパック入りの生シラス。販促シールには「生シラス」と記載されていても、時期によっては、解凍した〝冷凍〟シラスであることを知っているだろうか。

〝生〟の生シラスは1年中出回るわけではない。たとえば神奈川県では1〜3月中旬、静岡県では、1月中旬〜3月中旬はシラスの禁漁期間とされる。また、魚体が大きくなってしまう夏、漁獲量が落ちる冬などは味も変わる。生シラス独特のプリプリした触感、ねっとりしたコクと甘みが楽しめるのは本来、ごく短い期間だ。

旬が短いだけでなく足も早い。シラスはアユやウナギ、イワシ、ニシン、イカナゴなどの稚魚の総称だが、もっとも多く混じるのはカタクチイワシの稚魚。「魚」へんに「弱」と書くイワシ（鰯）は傷みやすいことで知られる。その稚魚だけに、おいしく味わえるのは水揚げ後、限られた時間以内だ。

にもかかわらず、スーパーマーケットの店頭に生シラスのパックが並ぶのは、ひとえに冷凍技術の発達のおかげである。

そもそも魚介類は種類によって体の成分や酵素が異なり、冷凍に対する耐性はさまざまだ。また、魚介類に含まれるＤＨＡやＥＰＡは融点（固体が液体になる温度）が低いので、冷凍温度の設定は注意が必要だ。その際かかるコストも勘案すべきだろう。

さらに最近の研究では、漁獲前の魚の状態も冷凍後の品質劣化にかかわることがわかってきた。漁獲時、暴れまわることで、筋肉疲労によるストレスが起こりｐＨの低下によって脂質の酸化が促進。筋肉中の色素たんぱく質、ミオグロビンのメト化（酸化）も進むようだ。

このように魚の冷凍保存にはさまざまなハードルがあるが、研究者や業者の長年の研究・開発努力によって、魚がおいしい時期の味や食感が再現できるようになった。おかげで今日では湘南のシラスから富山湾産のホタルイカに至るまで、あらゆる産地の多様な魚介を味わうことができる。ただしその際、魚介類に合った冷凍方法や解凍方法を選び、組み合わせることが重要だ。

なお、鮮度の定量評価における有名な指標に「Ｋ値（％）」※がある。魚肉のＡＴＰは、死後ＡＴＰ→ＡＤＰ→ＡＭＰ→ＩＭＰ→ＨｘＲ→Ｈｘの経路で分解する。

ＨｘＲやＨｘが少ないほどＫ値（％）が低く鮮度がいい。

※体内に残っているＡＴＰ（アデノシン三リン酸：運動エネルギー源となる物質）からの代謝物、Ｈｘ（ヒポキサンチン）の総和に対する、中間物質であるＨｘＲ（イノシン）とＨｘの割合で示される。Ｋ（％）＝(HxR＋Hx)/(ATP＋ADP＋AMP＋IMP＋HxR＋Hx)×100

イヌイットの人々からもらった知恵

さて、冷凍技術はどのように変遷してきたのだろうか。以下、ざっと歴史を見ていこう。

天然氷を利用した冷凍法は古代からあったが、現代の冷凍技術の発端は産業革命の時代にさかのぼる。１８２４年、フランスのサディ・カルノーは冷凍サイクル理論を考案しており、その後、エチルエーテルを冷媒とした圧縮式冷凍機などが生まれている。１８７８年には同じくフランスのシャルル・テリエが冷凍装置を開発して牛肉をマイナス28度で凍結し、フランス・アルゼンチン間を行き交う運搬船で搬送してみせた。

また、１９３０年代にはアメリカのクラレンス・バーズアイがあらたな冷凍機を考案した。発想のもととなったのは、イヌイットの人々がトナカイの肉や魚を雪氷で冷凍貯蔵している様子を目撃したことだ。急速・超低温冷凍が食品の保存のカギであることを見抜いた彼は、低温の板に食品を載せて冷凍する「コンタクトフリーザー」を発明、冷凍食品会社を起こした。

ちなみに日本では実業家の葛原猪平が欧米視察を経て、１９１９年に北海道に冷凍工場を建設、１９２２年には東洋冷蔵の前身である葛原冷蔵を設立している。翌年、起きた関東大震災では北海道の魚介を積んだ運搬船を東京・芝浦に運び、罹災者に無料で配布した。

１９３３年には国内でもコンタクトフリーザーを搭載した漁船が登場。冷凍流通の品質は一気に向上することとなった。[1)]

東京オリンピックで変わった冷凍の常識

コールドチェーンも発展を遂げてきた。

1)　『水産物の先進的な冷凍流通技術と品質制御』
（岡崎恵美子，今野久仁彦，鈴木徹編　日本水産学会監修 恒星社厚生閣 2017）

戦後、ＧＨＱから日本人に配給された冷凍スケトウダラなどは、溶け始めるとアンモニアを含む魚独特の臭いがあったといわれている。輸送の間に溶けて腐り始めていたものを、再び氷の貯蔵庫で凍らせていたからだ。漁獲してからすぐ、鮮度のよい状態で凍結していなかったことも、品質劣化を招く要因となったであろう。そのためこの頃、日本人の間に「冷凍魚は臭くてまずい」というイメージが広がった。また、日本は海岸線が長く、通年、漁獲が期待できる地域も多かった。わざわざ冷凍するという考え方は希薄だったと思われる。

しかし、１９５６年、冷凍食品が南極越冬隊の船内食や越冬食糧になり、１９６４年の東京オリンピックで選手村の食事で提供されるなどして表舞台に出てくると、社会の目線も変わってきた。

やがて１９６５年に科学技術庁から「コールドチェーン勧告」が出され、冷凍保存技術の向上と冷凍流通網の整備が提言されると、各地に冷凍冷蔵庫が設置され、冷凍品を運ぶための保冷車が全国を走るようになる。魚介類の冷凍技術も急速に発達し、生では品質維持の難しかったエビや切り身などの冷凍品も広く流通するようになった。[2)]

2)　『瞬間凍結　時間よ止まれ』（NHK プロジェクト X 制作班編　NHK 出版　2011 年）

氷詰めにされていた南洋諸島のマグロたち

一方で、大型魚であるマグロの冷凍は従来の冷凍機ではうまくいかず、試行錯誤の時代が続いた。

マグロは魚体が大きく、筋肉中のＥＰＡ、ＤＨＡなど、酸化しやすい不飽和脂肪酸の量が多い。体温、血液温度も高いので、なおさら腐敗が進みやすくなる。漁獲され、もがけば体温はさらに上昇して身質が悪くなる「ヤケ」という現象も起こる。4章で詳しく述べるが、かつては生食できず、赤身を醤油で漬けた「漬け」、脂部をネギとともに鍋に入れて煮る「ねぎま」といった料理で活用するしかなかった。

マグロの漁がさかんになったのは１９４０年代、戦後まもなくである。当時、三崎、焼津、室戸岬、串木野といった漁港から、１００トン未満の小型木造船がはるばるマーシャル諸島やミクロネシア諸島の漁場をめざして出航していた。漁獲したマグロの保存に使っていたのは氷だ。往路に1週間かけて漁場に着き、漁期に1週間、さらに復路に1週間を経て港に帰ったときには、身質も変化していたと聞く。当然、日本の港に持ち帰り水揚げしたところで生食用にはできないことから、刺身用原料にすることはそもそも想定していなかった。当時の用途はおもに缶詰、魚肉ハム、ソーセージの原料である。

やがて１９６０年代になると、アンモニアを冷媒とする冷凍設備を搭載した延縄漁船が増えてきた。蒸発熱の大きなアンモニアは冷媒に向いていたが、マイナス45度くらいまでしか冷却できず、マグロの身質の劣化は防げなかった。というのも、固体が溶けて液体に変化し始める温度、「融点」は、マグロのＥＰＡではマイナス53度、ＤＨＡはマイナス44度だからだ。

フロンR22によって生まれた超冷凍冷蔵庫

ブレイクスルーとなったのは、フロンR22を冷媒とする超冷凍冷蔵庫の登場である。先述のとおり、アンモニアの冷媒では庫内の温度が十分に下がらず、刺身グレードにするマグロとしては品質が現在と比べ低かった。よって遠洋漁業を行うマグロ漁では、さらに低い温度の冷蔵が求められた。そこで冷媒能力が高いうえ、不燃である化合物、フロンが使われるようになったのだ。

アメリカでは１９３０年にフロンが発明されて以来、フロンＲ22による冷凍技術が広く普及していた。

そこで日本にも、従来のアンモニア冷蔵庫のかわりにフロンＲ22を使った運搬船が登場した。**おかげで、獲ったマグロを船上でマイナス60度程度に凍結したまま日本の港に移送し、マイナス50～60度と超低温冷蔵倉庫で保管することが可能になったのである。**

時は１９７０年代。オイルショックの試練に遭遇しながらも、日本経済はまだ60年代の勢いを失ってはいなかった。人々の食生活はますます豊かに、そして多彩になりつつあった。それだけにマグロ冷凍船の変化は、市場に大きなインパクトをもたらした。

缶詰、魚肉ソーセージ用だったマグロが、「刺身という高級食材」に大化けしたことで、マグロ延縄漁はさらにさかんになっていった。

新しい冷凍テクノロジーの模索

だが、フロンの歴史も長くは続かなかった。その後、１９８７年に採択された「モントリオール議定書」で、フロン系冷媒はオゾン層を破壊するとされ、転換が求められるようになった。フロンR22も２０２０年に全廃済みだ。現在は、アンモニアとほかの冷媒を組み合わせる技術、空気冷媒による技術など、各社が工夫を重ね、新しいテクノロジーを追求している。

注目されているのが「過冷却」を応用した技術だ。過冷却は、水が氷点下の０度以下になっても氷とならず、液体のままとなる現象である。しばらくまえに氷点下に冷やして飲むビールが流行し、一般に知られるようになった。

過冷却の状態になるとマイナス40度くらいまで水を凍らせないことも可能となるので、冷凍時に組織を破壊する氷結晶化を防げるという。この過冷却の原理を応用したＣＡＳ冷凍という技術は、現在、マグロのほかさまざまな水産物の冷凍に用いられている。

　また、マグロなどの冷凍時にできた氷結晶は、「再結晶化」といって冷凍食品の輸送、保存中に大きくなることがあるが、これを防ぐ不凍タンパク質（ＡＦＰ）という成分も脚光を浴びている。寒い時期も成長する大根の芽であるカイワレや、極寒の海に生息するタラなどの魚などに含まれており、アイスクリームや冷凍食品の製造加工で活用が進みつつある。[3)]

　どの技術が今後最適化するかはわからないが、環境にやさしく、低コストで、食生活をさらに豊かにする技術改新を、筆者としてはこれからも応援したいと思う。

〝生神話主義〟は正しいのか

　以上、冷凍技術やその歴史について述べてきた。ここからは、魚屋目線の冷凍のメリットについて論じる。冷凍はお客様に価値を届けるためのたいせつな手段であり、同時に魚屋にとって利益の源泉となるからだ。

　前にも述べたとおり日本は〝生神話主義〟が強く、みなさんは「冷凍魚は鮮度が

3)　『水産物の先進的な冷凍流通技術と品質制御』（岡崎恵美子、今野久仁彦、鈴木徹編　日本水産学会監修　恒星社厚生閣　2017）

よくない」というイメージをいまだに持っているようだ。だが、本当にそうなのだろうか。

たとえば地方の離島で養殖マグロが水揚げされたとしよう。船で港に運び、加工場で冷やし込み梱包するのに1日。飛行機で輸送拠点に輸送し、トラックで市場に搬送するのにまた1日。中央卸売市場を経由して、都内の小売店に届くのにまた1、2日。消費者が手にするまでにかなりの日数がかかってしまう。水揚げしたらすぐ冷凍して搬送し、仲卸や小売店で解凍したほうが鮮度はいいはずだ。

また、魚にはおいしい時期とそうでない時期とがある。産卵期などは発達した生殖腺に栄養を奪われ、身質から脂が抜けがちだ。パサパサの生魚より、プリプリに肥えた旬の時期に獲り冷凍した魚のほうが身質のレベルは上だろう。

マグロなどは冬に水温が下がり、皮下に脂を蓄えるようになると、赤身と中トロ、大トロがきれいに分かれる。ところが夏場は全体的に脂が回ってしまい、身質が落ちやすい。それでもお店としては並べざるをえない。夏場は海水温が高まって魚の活性が落ちるため、獲れる魚種も少ないからだ。陳列ケースを埋めるためには、肥立ちのよくない、うまみの少ない夏場の養殖マグロでも必要になる。

養殖業者にとっても夏のマグロの出荷は悩みの種だ。夏期は魚体も大きくなる時期である。冬期、年末へ向けて育てたいので本当は業者もマグロを出したくない。しかもヤケのリスクが高く、身質も比較的悪いので大量に出荷できないことから相場は高くなる。だが、魚屋としては業者目線ではなく、顧客目線で養殖マグロをお客様に提供したいところだ。

その点、冷凍マグロなら、おいしいシーズンに漁獲された最高の品質のものを夏場も提供できる。マグロに限らずあらゆる冷凍魚を通年、同じ品質で売ることができれば、売り場の人たちもうれしいだろう。

相場の安い時期に大量に冷凍することで、計画的に在庫をもつことができる。漁労における働き方改革にもつながり、将来的に持続的な漁業を実現できる、と筆者は信じる。今後は産地における冷凍設備の拡充を国全体で推し進めるべきだろう。

冷凍にはもうひとつ大きなメリットがある。魚の腹腔や筋肉中などに潜んでいるアニサキスを殺せることだ。

8章で詳しく解説するが、アニサキスはアジ、サンマ、カツオ、イワシ、サケ、イカなど、ほぼすべての魚介類に寄生する。寄生している魚介類が死んで時間が経つと、内臓から筋肉に移動することがわかっている。人間が食べれば、食中毒（アニサキス症）を引き起こす。症状としては、みぞおちの激しい痛み、悪心、嘔吐、さらに激しい下腹部痛、腹膜炎などが知られる。また、アニキサスによってアレルギー反応が起こることも認められている。

そこで厚生労働省では事業者に対し、5つのアニサキス対策を挙げている。このうち2つは、非常にファジーなものだ。

・新鮮な魚を選び、速やかに内臓を取り除いてください。
・目視で確認して、アニサキス幼虫を除去してください。

（※厚生労働省のＨＰより）

「速やかに内臓を取り除く」とは、具体的にどの段階を指しているのだろう。少なくとも、漁獲時に船上で除去するのは生産性が悪い。また、目視で確認し、除去することもじつは難しい。なにしろ長さ1センチ、幅は0・5～1ミリ程度という糸くずのような形状だ。探すのも一苦労だし、発見できたとしても完全に取り除けたかどうかはわかりづらい。人によって技術レベルも異なるだろう。それに対し、残る3つは明確な基準であり、確実な方法だ。

・魚の内臓を生で提供しないでください。
・加熱してください。（70度以上、または60度なら1分）
・冷凍してください。（マイナス20度で24時間以上冷凍）
（※同）

ただし、刺身を加熱すれば刺身ではなくなってしまう。炙りであっても、中まで火を通せばタンパク質に不可逆的な変性が起きてしまう。

ひとつだけ、冷凍については安心、かつ実行可能なメソッドと断言できる。アニサキスは低温処理だけでは死滅しないが、凍結すれば死亡することがわかっている。

また、他の菌や細菌も冷凍によって繁殖を防ぐことができる。菌や細菌の種類によって活動が活発化する温度帯は異なるが、食中毒を引き起こす細菌の多くは10度以下では繁殖しにくくなり、0度になるとほぼ活動できなくなる。また、冷凍すると、食品組織内の水分が凍結され、細菌が利用できる水分も減る。つまり、増殖はしない。

なお、東信水産では天然の白身魚はすべて冷凍し、アニサキス対策を徹底している。「養殖魚ならわかるが、なぜわざわざ天然魚を冷凍するのだろう」と不思議に思うかもしれないが、**魚屋としては、天然魚を冷凍することは安全に対する最大の配慮なのだ。**

魚屋、マグロの冷凍・解凍にチャレンジする

ただし、アジやイワシといった青魚はこれまで冷凍が難しいとされてきた。不飽和脂肪酸の多い青魚は白身魚と違い、解凍後の劣化が早い。ふつうは味も悪くなり、血合いも変色してしまう。加熱調理用であればよいが、刺身など生食には向かない

という見方が一般的だった。だが、もし可能になれば、全国のお客様が獲れたての青魚の味わいをいつでも楽しめるようになるし、同時にアニサキス対策もできる。そこで現在、東信水産では水産加工会社と協力し、アジの冷凍加工に挑戦中である。

なお、２０１６年にはマグロの冷凍にも挑戦している。「最高においしいシーズンに漁獲し、冷凍したマグロを夏場にお客様に提供しよう」ということで、冬場に水揚げした魚を凍結した。年末商戦を過ぎ、オフシーズンとなった養殖マグロを使わせていただいたのである。素晴らしい状態の冷凍マグロが完成したが、残念なことに解凍で失敗してしまった。流水で解凍したところ、身質の色がみるみる変わり始めたのである。夏場の水道水の温かさを計算に入れていなかったのだ。その後、さまざまな試行錯誤を重ねたが、苦心の末、現在ではベストな解凍メソッドが確立されている。

解凍はテクノロジーよりテクニックが大事

解凍の基本的な手法としては、氷水解凍や冷蔵庫解凍などが挙げられる。適切に行えば、タンパク質変性を起こす酵素反応を抑え、ドリップも少なくできるはずだ。だが、ちょっとでも失敗すればまったく売り物にならなくなってしまう。

血合いが黒ずんでいたり、ドリップが滴っていたりするような魚では、お客様の購買意欲は損なわれる。このことは、刺身のネット販売が成立しないことからもわかる。ホタテの貝柱缶やカニ缶などはいくらでも通販サイトに載っているが、刺身をネット注文する人はいない。店頭で実際に見て選ぶのが鮮魚におけるお客様の消費行動パターンなのだ。見た目の悪い魚は値引きの対象になるのは確実だろう。それでも売れ残れば、廃棄処分しなければならない。冷凍の世界も奥深いが、解凍もまた難しいのである。

ただし、解凍は人のテクニックがすべてといっていい。解凍機はいろいろ出そろっているが、導入費用やランニングコストもかかるので、魚屋としては各店舗に設置するわけにはいかない。「コストを抑えた」解凍法は重要なテーマといえる。

冷凍貯蔵中の温度や乾燥にも注意しなければならない。表面乾燥から冷凍ヤケ、油ヤケによる変色や異臭の発生、タンパク質の変性が起こることもある。また当然ながら、すでに劣化が始まっている魚を冷凍したところで、鮮度がよくなるはずはない。冷凍は時を止める魔法の工程だが、時間を巻き戻すことはできない。鮮度のいい魚、旬の魚を冷凍することで初めておいしく、かつ安心して食べられる魚になるのだ。

・新鮮な魚、旬の魚を冷凍する
・適切な温度管理のもと、乾燥を防ぎ、輸送・貯蔵する
・コストをかけず上手に解凍する

一連のサイクルをテクノロジーと人の知恵を活かし、うまく回すことで、冷凍魚の可能性は初めて広がるのである。

第4章

マグロを探して

世界の海を旅する巨大魚の知られざる顔

江戸時代は「下魚」だったマグロ

正月のニュース番組で華々しく取り上げられる市場の初競り。青森・大間産の生本マグロ1本（278キロ）に、3億3360万円という史上最高値がついたのは2019年のことだ。[1] 正月ならではのご祝儀価格とはいえ、やはりマグロは魚の王様なのだと感嘆した人は多いだろう。

冬場のマグロは魚体が肥える。水温が下がるにつれ、腹腔内に貯めた脂肪がぎゅっと皮目に寄り、大トロ、中トロ、赤身の部位がきれいに分かれるのはこの時期だ。年末にかけて価格がどんどんつりあがっていくのもうなずける。

魚種によっては、2～3メートルもの巨大魚に成長するマグロ。いくつか種類があるが、日本人が口にするのは、**クロマグロ（本マグロ）**、**インドマグロ（ミナミマグロ）**、**キハダ、メバチ（バチ）、ビンチョウ（ビンナガ）などだ。**

じつはマグロが高級魚とされるようになったのは、そう昔のことではない。江戸

1）　朝日新聞 2019.1.5

主要なマグロの種類

本マグロ (Atlantic Bluefin Tuna / Pacific Bluefin Tuna):

地中海を含む大西洋、太平洋の主として北半球に分布（大西洋と太平洋で別種）。クロマグロとも呼ばれ、マグロ類の中でも最高級品とされる。インド洋には分布しない。主に刺身に利用。

インドマグロ (Southern Bluefin Tuna):

南半球の高緯度海域を中心に分布。ミナミマグロとも呼ばれ、本マグロに次ぐ高級品とされる。主に刺身に利用。

バチ (Bigeye Tuna):

世界中の温帯から熱帯の海域に分布。目玉が大きくぱっちりしていることからメバチマグロと呼ばれる。主に刺身に利用。

キハダ (Yellowfin Tuna):

バチとほぼ同じ海域に分布。体色が黄色味がかっていることからキハダマグロと呼ばれる。刺身及び缶詰に利用。

ビンチョウ (Albacore):

世界中の海に広く分布する小型のマグロ。長い刀状の胸びれが特徴で油漬けの缶詰の原料になる。最近は刺身にも利用される。ビンナガ、トンボとも呼ばれる。

水産庁資料を元に著者作成

時代中頃までマグロは「猫またぎ」と呼ばれ、猫も食わない下魚と考えられていた。この頃、上流階層が刺身として重んじたのはタイやヒラメといった白身魚など。当時は氷がなく冷蔵できなかったので、鮮度落ちの早いマグロなどの青魚類は生食（刺身）には向かず、ほとんどが加熱用食材だった。

ところが、江戸中期から後期にかけて濃口醤油（地廻り醤油）が普及すると、マグロの赤身を醤油に漬けた「漬け（づけ）」が江戸の人々に愛好されるようになった。醤油の塩分を含んだ漬けは保存も利き、流通にも向いていた。[2]

マグロ漁業が発達したのは戦後である。大型の本マグロの捕獲は戦前はほとんどなく、おもにキハダが漁獲され、これが消費されたと思われる。キハダは基本的に赤身主体で、大トロ部分の腹身は薄いうえほとんど筋の状態だ。したがって、大トロ自体が取れなかった。

やがてマグロの評価が一変する時代がやってくる。食の欧米化が進むにつれて、人々の油脂に対する嗜好に変化が起きたのだ。寿司ネタとしてのトロは次第に評判

2）　地廻り醤油と江戸食文化｜江戸の外食・醤油文化｜日本食文化の醤油を知る（eonet.ne.jp）

を上げ始める。さらに高度成長期、冷凍技術が発達すると刺身として広がり、一躍、高級食材になった。

ただし、養殖マグロが流通するようになる以前、天然ものしかなかった時代は、脂ものと呼ばれる中トロ、大トロが取れる魚は全漁獲量の１割程度。ほとんどが料亭、寿司店など業務筋で消費されていたため、一般人には手が届かなかった。スーパーなどの量販店に並ぶのはおもに赤身だった。

「すき身」「切り落とし」はバブル崩壊で生まれた

マグロの価値が上がりに上がったのはバブル期である。水産庁の水産物流通統計年報によれば、１９８９年の本マグロ、インドマグロの加重平均価格はキログラムあたり４６２６円を記録している。ところが不可能といわれていた本マグロの養殖が90年代後半に確立されると、中トロの取れる養殖本マグロは大量に流通するようになり、業務筋に普及する。トロ身は飽和状態となり、価格は大きく下がった。以後、天然もののトロ身相場も、養殖ものの下げ相場の影響を受けて落ち、今もなお低水準で推移している。

すべての魚種にいえることだが、養殖が商業化に成功した魚の価格は下がることはあれど、上がることはまずない。ただし、価格が大きく下がったのはトロ身の脂ものものみだ。トロ身に比べ消費量が圧倒的に多い赤身の相場は、需給バランスによって動いている。２０２０年は極端なマグロの供給不足により、赤身相場高騰の場面もあった。

さて、本マグロ、インドマグロの相場が下がったおかげで、マグロの食文化はバブル崩壊後、廃れるどころかますます裾野を広げ始めた。

代表的なマグロ食が「すき身」である。そもそもすき身は板前たちのまかない料理だった。当初はネギトロという名で知られたが、べつに野菜のネギが入っていたわけではない。中骨や皮目についている中落ちをはまぐりの貝殻でそぎ取ることを、「ねぎ取る」と言ったことからこの名がついたのだ。ネギが入っているという誤解を生むからと、現在は「すき身」の名称で流通している。

初めは常連にふるまわれる裏メニューにすぎなかったが、水産物加工メーカーが植物性油脂を混ぜ、大量生産に成功すると急速に市場に出回り始めた。ちょうどデフレ不況が始まった時代である。飲食業界が原価を削ろうと、こぞって〝わけあり部分〟にフィーチャーし、人気に火が付いた。

マグロの切り落としが注目されたのも同じ時期だ。尾や頭、あるいは筋の部分など、サクの取れない端材を切り落としたもので、原価は高くない。売値も安く、魚を買い控えていた消費者に喜ばれた。売れ行きのよさから、最近はマグロ１本をまるまる切り落としに加工してしまう業者もいると聞く。

猫も食わない下魚から、超高級食材へ、さらに庶民のおかずへと変幻自在に姿を変えてきたマグロ。その歴史を追ってみると、したたかなマーケティングの知恵と工夫が、人気を支えてきたことがわかる。

ただ、トロ人気は地域によって濃淡があるようだ。名古屋はキハダ文化とされ、全体に赤身好きといわれる。関西も基本は赤身を好む。脂ものは関東以北の地域で好まれるようだ。

九州はもともとマグロ食文化のなかった地域だが、ブリやカンパチなど脂肪の多い青魚がよく獲れる。養殖マグロのトロが流通する前は、寿司屋でトロを頼むと天然ブリの腹身が出てきたそうだ。人々が脂肪に慣れているせいか、マグロのトロも人気は高い。いまや福岡の繁華街などに行くと、マグロ料理を看板メニューに掲げる居酒屋をいたるところで見かけるようになった。

とはいうものの、高齢化でヘルシー志向が高まる一方のこの時代である。いつまでも昔ながらの「脂商材頼み」でいいのか。魚屋としては少々疑問を感じるところだ。

世界に広がるマグロの回遊エリア

ここまで日本におけるマグロ食の歴史を追ってきた。日本人のマグロ愛がどれほど深いか、おわかりいただけたのではないだろうか。だからこそ、日本の漁師たちは沿岸はもちろんのこと、はるか遠洋まで繰り出してマグロを追い続けてきたのである。

ときには時速およそ１００キロと高速で泳ぎ続け、眠っている間も進み続けるというマグロ。ノンストップで泳ぐ理由は、止まった状態で呼吸できないからだ。泳ぎをストップすれば口に入り込む海水がなくなり、酸欠となって死に至る。

それだけに、マグロの回遊エリアはじつに広大で世界中におよんでいる。科学的に回遊ルートが解明されているわけではなく正確な実態はわからないが、たとえば地中海、大西洋の本マグロは同一系群と考えられている。また、国産の本マグロの産卵場は台湾と沖縄の間の東南海水域といわれる。この水域で生まれた魚がカリフォルニア沖、メキシコ沖で捕獲されていることから、国産本マグロが長距離を移動することが確認されている。

群れで産卵する本マグロの性質を活かし、養殖で成功している産地がある。スペイン、シチリア、キプロス、マルタ、クロアチアなど地中海沿岸の国々だ。

じつは１９９０年代以前、地中海の本マグロは生息数が激減していた。スペイン、イタリアの巻き網船が産卵のため地中海に回遊してきた親魚を大量漁獲していたたからである。獲ったマグロのほとんどはツナ缶の原料となっていた。そこでＩＣＣＡＴ（大西洋まぐろ類保存国際委員会）では、資源回復を目的に地中海沿岸国に対し漁獲枠を設けた。

そうなると、巻き網漁業者としては与えられた漁獲枠を最大限に有効利用せざるをえない。缶詰原料の相場はせいぜいキロあたり1ドル程度だったため、彼らはより高価格で売れる養殖マグロに活路を見出そうとした。

着目したのがオーストラリアにおけるインドマグロの養殖だ。

当時、オーストラリア、ニュージーランド、日本の3カ国で、資源保護のため厳しい漁獲規制が設けられていた。このため、自国海域でマグロ漁をしていたオーストラリアの漁師たちは缶詰原料のマグロの漁獲ができなくなり、廃業を余儀なくされた。そこでオーストラリア政府が日本に協力要請し、両国でインドマグロの養殖研究に乗り出した。このインドマグロが築地で高く評価され、世界的に養殖マグロへの注目が高まった。

マグロの脂乗りは環境水温、生殖腺肥大係数、産卵行動によって変わる。なかでも産卵行動の影響は大きく、産卵後はほとんど脂のないガリガリの魚になってしまう。そこでオーストラリアは、群れで回遊してきた産卵期のやせた魚を捕獲、十分肥えさせてから水揚げするという技術を編み出した。この技術を取り入れ、スペインのカルタヘナ沖で養殖に転用したのが、地中海の本マグロ養殖の始まりだった。

地中海が本マグロ養殖に成功した理由を以下に挙げておこう。

1. 原魚（養殖前の魚）の調達が毎年、同時期に必要数量が確保できる。（産卵のため回遊してくるので毎年魚は来る）
2. 養殖原魚の捕獲時期（6月）の地中海はおだやかで作業が容易にできる。
3. 肥育期間（6～12月）も海況は比較的おだやかで、魚を育てるのに適しており、生け簀管理も容易。
4. 養殖事業に必要なインフラがそろっていた。
5. 陸送、空輸ともに配送インフラが整っていた。

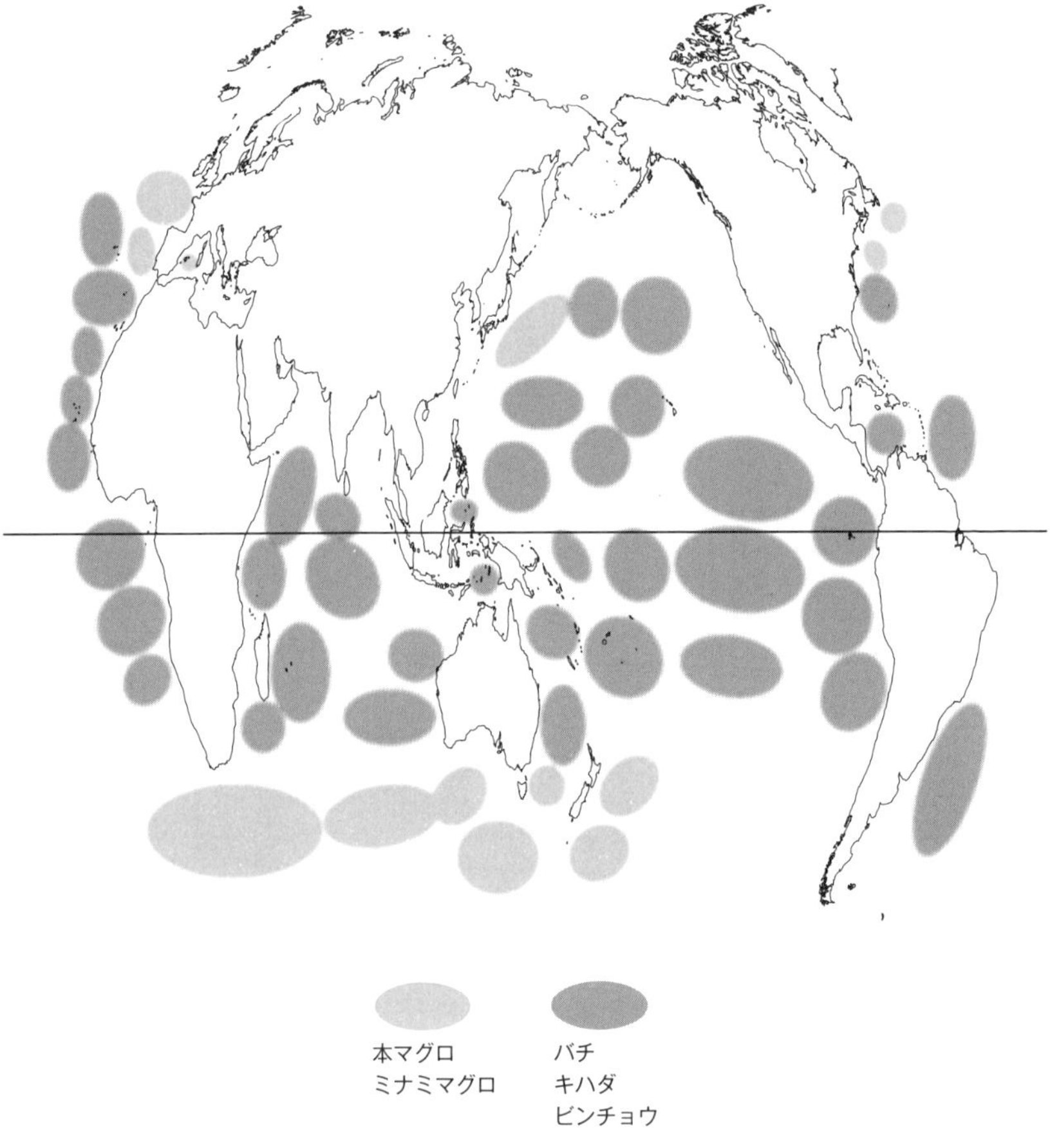
本マグロ
ミナミマグロ
バチ
キハダ
ビンチョウ

漁場によって変わるマグロの味

興味深いことに、マグロの大きさや脂の乗り方は、どの潮に乗りどのエリアを回遊するかによってまるで違ったものになる。

たとえば地中海で生まれた本マグロの稚魚は、大きくなるとジブラルタル海峡を渡り、そこから大西洋を北上する群れと南下する群れとに分かれる、という説がある。近年の傾向としては、北上するマグロは魚体はやや小さめながら脂の乗り具合は抜群だ。一方、南下するほうは魚体が大きく、やせている魚が出ることがある。

理由はよくわかっていない。北欧は漁獲規制が厳しく、エサとなるイワシやサバが豊富であるのに比べ、南の海域は違法漁船が乱獲を繰り返し、海洋資源が枯渇しているのではないか――との説もある。ただし、先述の通り、メキシコ湾、地中海の本マグロの生態、回遊についてはまだ科学的に解明されていない。あくまで推論の域を出ない説であることを書き添えておく。

本マグロに次いで大きいバチにも、いくつもの漁場があるが、本マグロと同様、

海域や時期により身質には大きな違いが見られる。

・WS（通称・セイケイサウス：西経118～128度、南緯11～13度）

バチとともにビンチョウも入ってくる。この漁場のバチは色味といい、脂の乗り具合といい、新鮮さの証しである解凍後の反り具合（業界では「縮み」と呼ぶ）といい抜群で、バブル期にはキロあたり2000円という値がついた。4～5月、10～11月が最盛期。

・WN（セイケイノース：西経105～140度、北緯03～05度）

漁獲は安定している。最盛期の4～6月には1日1～2トンの漁獲量が期待できる。ただし色や肉質がよくなく、赤身が主体。廉価品に使われることが多い。ビンチョウの混獲はない。

・GP／EC（ガラパゴス：西経90～100、北緯03～南緯03／エクアドル：西経80～81度、北緯00～南緯01度）

色目がチョコレート系で退色も早い。中型、小型では血栓といって、シミが出やすいことで知られる。すき身の原料などに向く。ビンチョウ、キハダなどの混獲がない。

・P4（ペルー領海：西経80～81、南緯03～04度）

大型が獲れる。しかもほぼ100％が脂もので、基本的に赤身魚は混じらないという超一級のまぼろしの漁場。漁法は独特で、まずサバのぶつ切りをエサにつけ、海底にいるタラを釣る。ヒットしたタラでさらに大型バチを狙う。ただ、この漁獲方法を今に伝える漁労長が残っているかは不明だ。

・E（東沖：東経140～170、北緯38～40度）

ここで獲れるバチを「東もの」と呼ぶ。ビンチョウが多い漁場のため希少性が高いうえ、脂がよく乗った極上品だ。キロあたり3000～4000円と高額で取引される。

ただ、価格に差のあるマグロだけに、漁場や漁獲時期をごまかす業者も皆無ではない。たとえば値の張るWS産という触れ込みであっても、一緒に上がってくる魚にビンチョウがなければWNの可能性が高い。メイン以外の魚種、漁師言葉でいう

「お友達」を見れば、どこの漁場の魚かおおよその察しがつくというわけだ。

マグロ漁の歴史〜古代から現代まで

マグロ漁業の歴史についても触れておきたい。以下からごく簡単に流れを見ていこう。

日本のマグロ漁の歴史は古い。青森県の三内丸山遺跡(さんないまるやまいせき)からマグロの骨が出土していることから、マグロは縄文時代から食べられていたと考えられている。大型魚類のマグロを捕獲していたということは、複数の人間が船の操業や漁にかかわり、チームワークを発揮していたのだろう。古代日本は稲作をはじめとする農業が栄えたとされるが、漁業によって協調性を育んだ部分も大きいのである。

縄文時代に人々が操っていたと思われるのが、大木をくり貫いてつくった丸木舟だ。ごく簡単な構造だが、黒潮を越えて海を渡ることも可能であることがわかっている。

古代の万葉集にもマグロ漁を詠んだ山部赤人、大伴家持の歌が残っているが、定置網によるマグロ漁が本格的に始まったのは江戸中期以降。末期には紀伊半島から三浦半島にかけてますますマグロ漁が広がった。

昭和初期から第二次世界大戦後にかけては、輸出用缶詰、冷凍品の原料としてマグロの需要が高まった。3章で解説したとおり、小型の木造船で遠洋に出かけては漁獲したマグロを氷詰めにしていた時代である。

だがマグロ漁業がいよいよさかんになったのは終戦後のことだ。当初の目的は、戦後の食糧難（おもに動物性たんぱく質）の解消である。食肉の生産がほとんどなかったこの時期、日本国民の血肉を作ったのがマグロ、クジラなどの海洋生物だった。

日本の遠洋漁業者たちは魚肉ソーセージ原料としてのマグロを求め、大型搭載母船を軸とした船団を組み、赤道付近まで次々に南下していった。そして、それまで手付かずだった漁場に到達し、豊富な資源に恵まれたのである。

1954年、水爆実験で放射能灰を浴びた延縄漁船「第五福竜丸」も、太平洋中西部のビキニ環礁で操業中、被曝した。ちなみに第五福竜丸の悲劇ののち、太平洋で活躍していた日本のマグロ船は完全に操業不能に陥り、やむなくインド洋に進出。結果的にインドマグロを発見できたという逸話もある。

その後、日本のマグロ遠洋延縄漁業はおおいに発展したが、最盛期に突入した1977年、200海里問題が起こる。沿岸各国の領海基線から200海里の範囲で排他的経済水域（EEZ）が定められ、水産資源や海底鉱物資源などについて排他的管轄権を行使できるようになってしまったのだ。

さらに、国際漁業協定の取決めにより、マグロ漁船の自主的な削減「減船」も進んでいった。1985年のプラザ合意で円高が進んでからは、輸入マグロの影響も受けるなどし、国内の遠洋延縄漁は厳しい局面に立たされるようになった。燃油も高騰した今では、かつてのように遠洋の航海にもそう簡単に繰り出せなくなっている。

令和元年版の「水産白書」（水産庁編）によれば、2017年のマグロの漁獲量はインドネシア（21万９８４７トン）、ＥＵが（21万３３６３トン）、台湾（16万８８２０トン）に次ぐ16万８２１４トン。世界1位だった１９８０年（36万１３４０トン）の半分以下に落ち込んでいる。

とはいえ、消費構造を考えれば、大量に漁獲すればいいというものでもないだろう。「マグロは高く売れるから」と需給バランスを無視して漁獲すれば、ますます相場安になってしまう。結果的に価格がコストに見合わなくなり、漁業の衰退を招きかねない。

為替差益で成功した韓国のマグロ漁

一方、時は少しさかのぼるが、日本のマグロ漁が衰退していった陰で力を伸ばしていた国がある。韓国だ。

韓国は、１９７０年代以降、北緯15度～南緯15度、東経１３０度～１８０度付近のエリアでさかんに延縄漁業を行っていた。彼らが乗っていたのはなんと日本の中古船。売主は日本の商社である。商社は、韓国の水産企業に融資を行い、中古船（アンモニア触媒の冷凍船）を紹介。漁具、エサなど、マグロ延縄漁業に関する一切を教え、韓国マグロ漁業の草創期に協力を惜しまなかった。その見返りとして漁具物の買取を契約したのである。商社もそれなりに利を得ていた。

なお1973年、為替が変動相場制となり、マグロ流通も円建てかドル建てか、選択を迫られることとなった。マグロは単価が高いうえに重量もある。**市場相場と為替相場の両方のリスクを負うことは危険だと判断したマグロ業界は、マグロの取引を円建てにすることに決めた。当時、日本は最大のマグロ輸入国だったからだ。**

その後の急速な円高により、為替差益で大きな富を得たのが韓国だ。釜山に築かれた超冷凍団地の発展もあいまって、現在は韓国延縄船が太平洋で大きく活動の幅を広げるようになっている。

なお今日、マグロ漁獲量世界一を誇るのはインドネシアだ。「海のダイヤ」と呼ばれるだけに競争は熾烈そのもの。マグロをめぐる世界地図は今も刻々と変化しているのである。

マグロの漁法はおもに３つがある。以下にざっくりと紹介しておこう。

・延縄漁法

日本古来の漁法。40～50メートルの間隔で針をつけたすだれ状の縄を仕掛け、縄が海底に沈まないよう浮き（ブイ）をつけて浮かし、マグロの通り道に流すようにする。針先につけるエサは冷凍スルメやサバ、サンマなど。遠洋での大規模漁では、縄全体を支える幹縄の長さは全長１００キロメートル超にもおよぶ。

一般的に夜明け前から投縄（とうなわ）が始まる。針にエサをつけて海に投げ入れる作業だ。多いときは針数が２０００本ほどになることもあり、長時間の作業となる。揚げ縄は２つの方法がある。

1．投縄終了後、投縄地点まで潮の流れに逆らって戻る

2．潮の流れに逆らわず、投縄終了地点から揚げ始める

・定置網漁法

沿岸海域に網を仕掛け、マグロの群れを待ち受ける。垣網を沖に向けて張り、群れがぶつかったら、運動場と呼ぶ囲いの中に誘いこむ。さらに昇り網という出口の狭い場所を通し、最終的に箱網に閉じ込める仕組み。箱網に魚が入れば、網の口を締めて引き上げる。なお、日本では電気モリ、スペインなどではパワーヘッド装着のルパラ（水中銃）を用いている。

・巻き網漁法

網を広げて、マグロの群を包み込むようにして獲る。群れを囲んだら、網底をしぼって袋状にする。数隻の運搬船をともなう。

巻き網漁については、さまざまな議論が巻き起こっている。とくに1990年代以降は、細いが強度があり、水切れのよい網が登場した。比重が重く、沈下速度が速いという特徴もある。網は一気に大きくなり、200～400トンの大規模な漁獲も可能となった。ただし、稚魚・幼魚や他の魚種も区別なく一網打尽にしてしまうため、乱獲や環境破壊につながるとの指摘は多い。

詳しくは10章で解説するが、そのため、太平洋のマグロ漁は大きな反省と課題を抱えることになった。ノルウェーではアジやサバ、シシャモ、ニシンに至るまで巻網船の漁獲量は決まっている。太平洋でも取り決めが予定されているが、どれだけの国が国際的ルールを守るのかは疑問だ。

乱獲は非常に深刻な問題であり、ＳＤＧｓの達成のためにも各国が本気で取り組むべき課題といえるだろう。

全てのマーケットに繋がる話だが、供給が需要を上回れば価格は下がることになる。水産の場合、陸上とは異なり熾烈な原料確保は環境破壊のみならず、国家間の問題へ発展する。２０世紀に我々は海洋技術、漁業技術、冷凍技術などさまざまな技術を向上させた。また、今世紀に入り、ＩＴ技術、人工衛星技術も浸透し漁業はますます発展した。

しかし、地球環境、生態系の配慮を考えない資本主義の暴走は、結果的に水産物を消費する生活者ひとりひとりに価格として返ってくる。そもそも計画生産が難しい水産物。産官学の立場からもっと議論をして地球環境・生態系を将来に託せる方法を考え、実践していかねばならないと考える。

コラム

もっと知りたい～マグロの解体法

漁獲されたあと、マグロはどのように解体、加工され、店頭や食卓に並ぶのだろう。このコラムでは、簡単にその流れを追ってみたい。

マグロは漁獲されるとすぐにスパイキなどで延髄をつぶして動きを止める。そして、延髄に穴を開け、そこからワイヤーを通して神経抜きを行う。さらにエラと内臓を取り除く。この状態を「GG（Gilled and Guts cutted)」といい、GGから頭と尾を切り落としたものを「ドレス」という。ドレスにはカマがついている。

ふつうの魚なら3枚におろすが、マグロは大きいので、真ん中から背と腹に切り分けて中骨を外す。背2本、腹2本、中骨の5枚おろしにするのだ。取れた背、腹の部分合計4本はそれぞれ「ロイン」と呼ぶ。

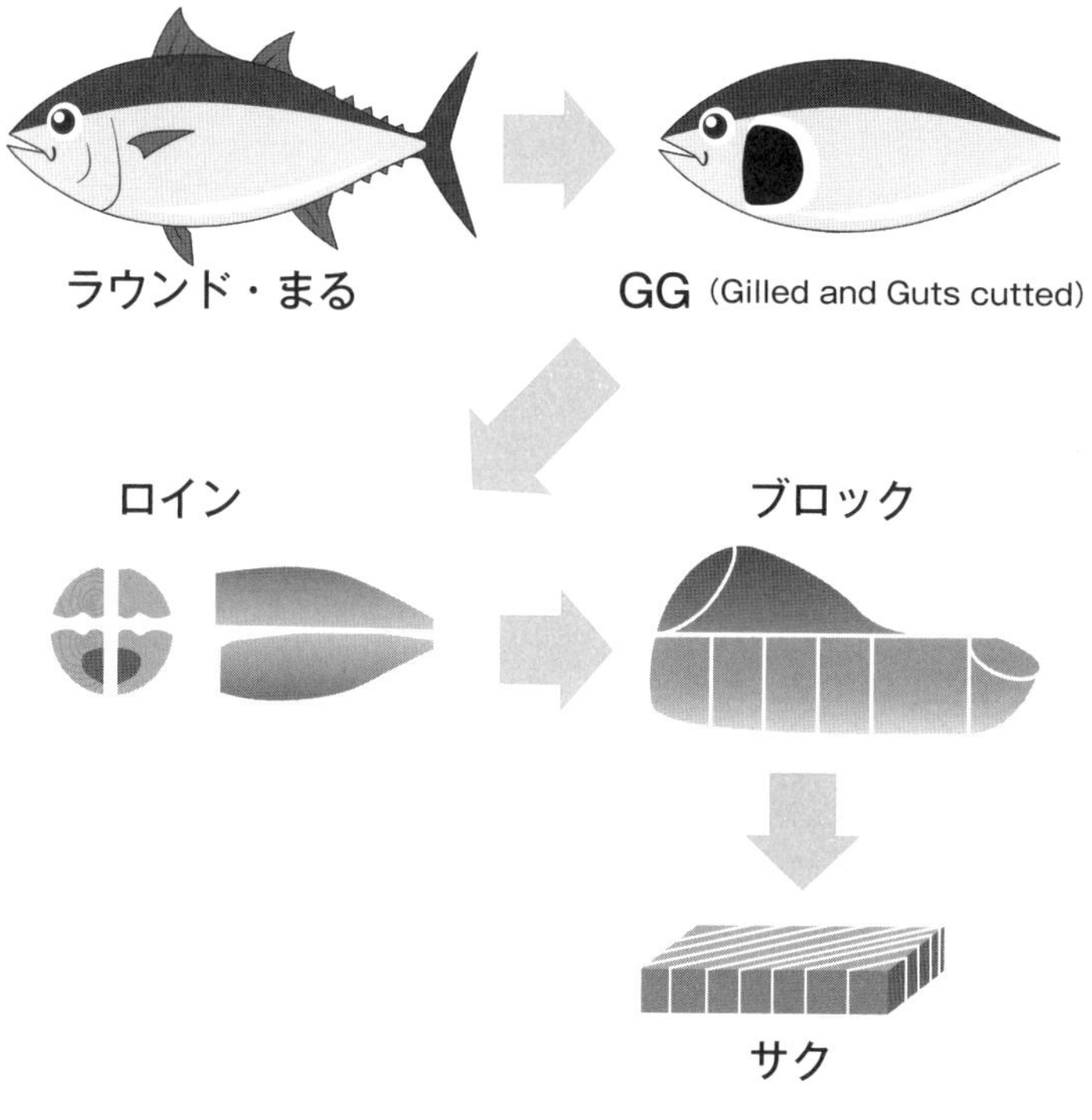
ラウンド・まる
GG (Gilled and Guts cutted)
ロイン
ブロック
サク

縦に見ると、ロインは背上、背中、背下、腹上、腹中、腹下などのブロックに分けられる。ブロックをさかさまにしたとき、上側の三角形の部分が赤身にあたる。三角形のてっぺんは赤身部位で「天身（てんみ）」という。下側は「カワラ」と呼ぶ。マグロの脂は皮べりにあり、カワラは基本的に中トロの部位だ。大トロは腹の部位にあたる。

次にブロックからサクを取るための基本的な方法や刺身の引き方を紹介しよう。

●サク取りしてみよう

1．まずは天身とカワラを取った背、腹、それぞれのロインを垂直に切る。幅2センチくらいを目安にすっと包丁を入れ、さらに皮の内側に切りこみを入れて身を外し、サクを取る。このとき、大トロのなかでも脂のつよい箇所は筋も多く、身がこわれやすいので大きめに切り取り、皮から外す。

2．次に最初に取り除けておいた赤身をサク取りする。まず、天身を切り離す。さらにカワラをトロと同じ要領で切っていこう。垂直に包丁を入れたら、皮の内側

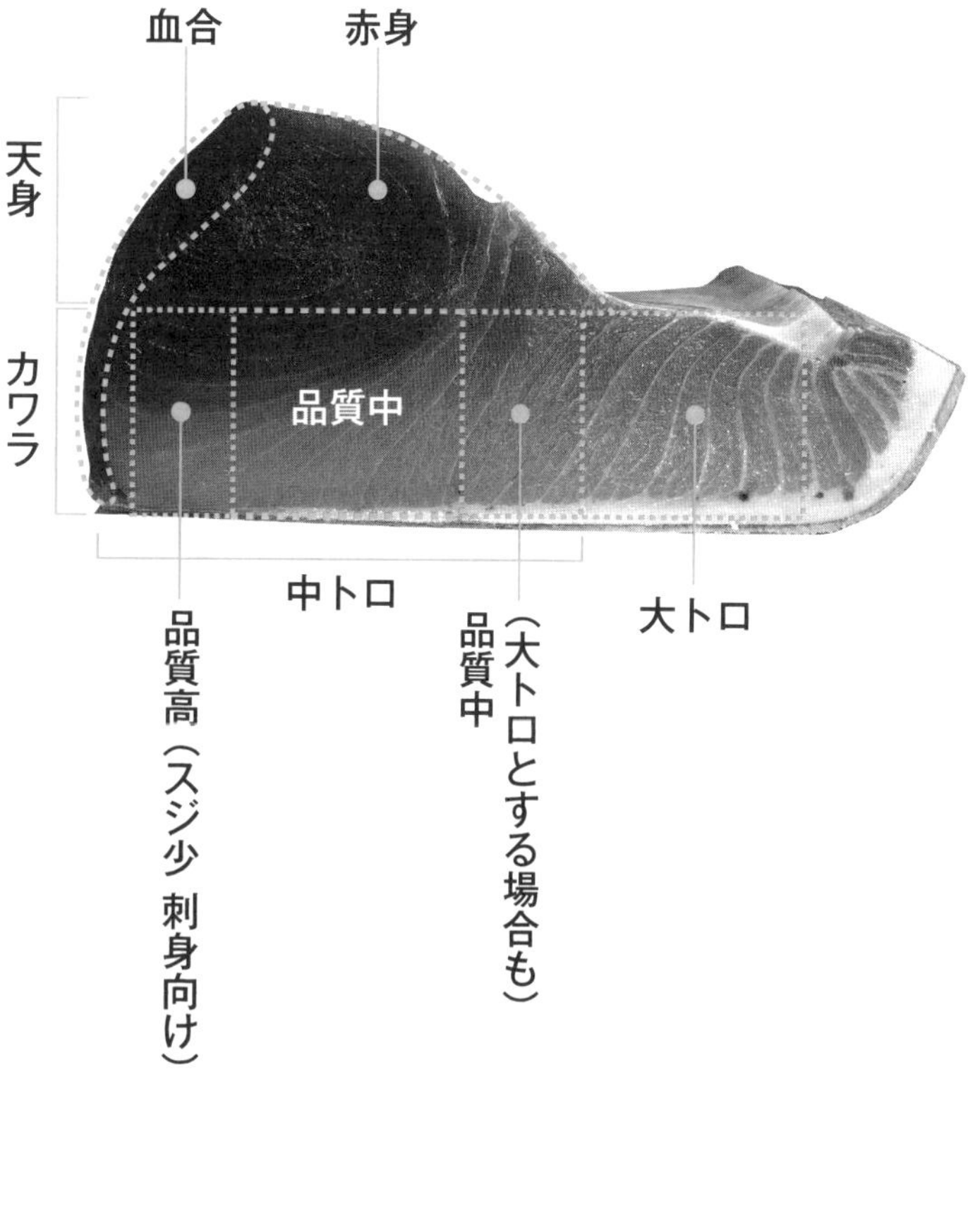
血合
赤身
天身
カワラ
品質中
中トロ
品質高（スジ少 刺身向け）
品質中（大トロとする場合も）
大トロ

を切りこみ、身を外していく。

●刺身を引いてみよう　～平造り～

包丁の刃先を刺身に当て押して切るのは間違い。身がつぶれ、断面もガタガタになってしまう。刃元を刺身に当て、手前に引きながらすっと1回で切ろう。目の向きが右上から左下になるように置き、右から切っていく。このとき目に対して直角になるようにする。

左の指でサクを押さえるが、第一関節を曲げて包丁の背を当て、刃を少し寝かせて引くときれいに切れる。

詳しい方法については、東信水産の以下のサイトを見てほしい。プロのテクニックをわかりやすく解説している。

https://mi-journey.jp/foodie/34488/

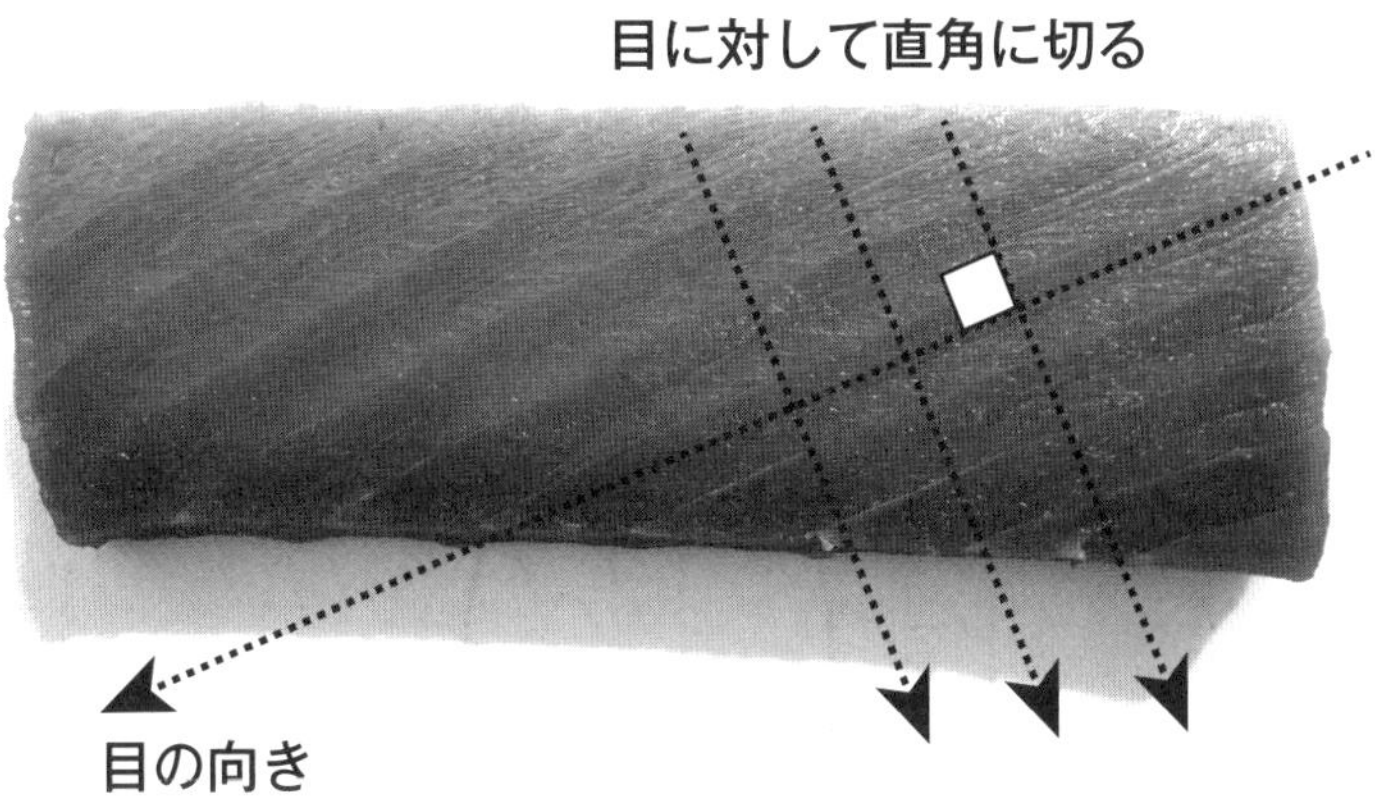
目に対して直角に切る
目の向き

漁場的特色	特徴的混獲魚
赤身主体。キハダも多く混じる。鮭鱒兼業船（小型船）が中心で、一船売りより入札販売が多かった。韓国遠洋延縄船の草創期はほとんどがこの漁場。	漁は比較的安定しており、低リスク漁場。バチは40㎏以上は少なく中小主体。キハダの漁獲も多い。漁場が広範で、場所によってはキハダだけの漁獲もある。
バチ、キハダとも赤色は薄い（ピンク系）。脂が乗っているが水脂系。	混獲されるビンチョウは特大サイズ（30㎏以上も混じる）。クロカワカジキ、シロカワカジキは大型。
バチ、キハダとも色は超薄め、白っぽい肉質。脂は水脂系。	漁は比較的安定しており、低リスク漁場。バチよりキハダ狙いの漁場。
超大型マカジキの漁場。バチ、キハダの混獲率は低い（マカジキ狙いの仕掛けのため）。	100㎏以上のマカジキが集中して漁獲される。超特大シロカワカジキ（500㎏上）が混じる。マカジキ、シロカワカジキの評価は高い。
ＳＤ操業船が本格時期を迎えるまでの漁場。バチ、キハダともに脂が絡む。	サンゴ海の流れがあり、マカジキは大型。ビンチョウも混じるがそれほど多くはない。インドマグロは混じらず。
入札販売が主体。理由は①インドマグロ、バチともに 40㎏以上が少ない②極上のマカジキ、メカジキなどが獲れる③その他が多く漁獲される。バチ、キハダは獲れれば極上品。	インドマグロは、ケープ沖東経40度以東に出る高潮（表層水温14度～16度）といわれる漁場の魚に似ており、40㎏以下が多い。バチの数量は少ないが極上品。キハダもまれに混じるが、50㎏～70㎏と大型で脂があり極上品。
業界用語で“平魚”と言われる魚。超低温凍結されたバチは、マダイのようなペチャンコな外見。脂はある。色目はオレンジ系の蛍光色。肉質は固く締まっており色持ちは良い。	ＮＺ沖南緯40度以南操業のインド船の盛漁期前後に入漁される。過去の操業実績は年間10隻以下と少ない。
バチ類の漁獲比率は低く、全漁獲の20%以下。サイズ構成もピラミッド型で、1シーズンで40kg上は100尾以下。バチ、キハダともに極上品。マカジキ、メカジキも極上品。	もとは近海生鮮延縄船（19ｔ型）の漁場。日本本土に近く、鮭鱒流し網漁の裏作として、鮭鱒兼業の小型船（69ｔ型）が出漁していた。

世界のマグロ 1　太平洋漁場　東経側

漁場	緯度	経度	漁獲時期
MS（カロリン/マーシャル）	N00～12	E150～180	通年
SL（ソロモン）	S10～12	E150～155	4月～6月
BA（バンダ海）	S02～08	E122～125	2月～4月
SA（サンゴ海）	S15～16	E150～155	10月～12月 4月～5月
BB（ブリスベン）	S27～28	E150～155	4月～6月
SD（シドニー）	S31～34	E150～155	6月～8月
NZ（ニュージー）	S30～31	E170～178	7月～8月
E（東沖）	N36～41	E155～170	8月～10月

漁場的特色	特徴的混獲魚
本物は、色目 / 脂 / チヂミ、すべて抜群。しかし、漁獲が不安定な高リスク漁場ゆえ、操業船は少ない。現在は幻の魚に近い。	ビンチョウが多く混じり、大バチ（40kg以上）の漁獲比率は低い。また、小バチ（25kg以下）が多く混獲されていれば、魚は期待できる。
WSとは異なる。漁獲は比較的安定しており、現在も西経操業船の主漁場。	ビンチョウの混獲量は少ない。また、大バチ（40kg以上）の漁獲比率が高く、WSとの違いは歴然。
赤身主体。漁獲の安定した漁場。現在も西経操業船の主漁場。	大バチ（40kg以上）の漁獲比率は高い。クロカワカジキの混獲が多い。
チョコレート系の色目。中小バチ（40kg下）に血栓が出やすい。ネギトロ原料として消費される。	ビンチョウの混獲はない。キハダの混獲が極端に少なく、まったく漁獲されないこともある。クロカワの混獲が多い。まれにマカジキの大漁もある。
ガラパゴスと同系列のチョコレート系の色目。中小バチ（40kg以下）に血栓が出やすい。ネギトロ原料として消費される。	ビンチョウ、キハダの混獲はない。超大型のクロカワカジキ（300kg以上）の混獲あり。
肉質は細かく明るい色目。脂ものは10%～20%の出現率で、全体的には薄脂 / 赤身が主体。好漁 / 不漁の年較差が激しく、リスクの高い漁場。現在、この漁場への出漁船は少ない。	混獲されるビンチョウはWSより小型。バチのサイズ構成がピラミッド型（大バチ少なく中小バチが多い）であれば魚は期待できる。キハダは少量だが混じる。クロカワカジキは混じらず。
ほぼ100%脂もの、基本的に赤身魚は混じらない。極めて特異な漁場で、ここでの漁獲方法を今に伝える漁労長が残っているか否か。超一級の幻の漁場。	ビンチョウ、キハダはまったく混じらず。漁労方法が特異ゆえ、大バチ以外の漁獲物は少ない。
皮べりの脂は白く細かく、天身は真っ赤な明るい色目の理想的なバチ。脂ものは30%～40%の出現率、全体的には深脂 / 薄脂が主体。かつて築地では上物の代表格の漁場だった。ただし現在、この漁場への出漁船は少ない。	小ビンチョウ、マンダイが多く混獲される。バチのサイズ構成は基本ピラミッド型（大バチが少なく中小バチが多い）。キハダも少量ではあるが混じり、脂がある。クロカワカジキ、沖サワラは混じらず。マカジキも色がよく高い評価。S30度以南の漁場ではガストロが混じる。まれにインドマグロが混じる。
日本に近いことから、鮭鱒兼業の小型 / 中型船の入漁が多かった。品質は赤身が主体。	大型のビンチョウが混じる。沖サワラ、シイラ、小型のクロカワカジキが目立つ。
身質が柔らかく色目も濃い。退色は早い。	脂のある小ビンチョウ（10kg以下）が多い。小バチ（25kg以下）が極端に多いサイズ構成で、40kg上は少ない。
ガラパゴスと同系列のチョコレート系の色目。中小バチ（40kg以下）に血栓が出やすい。ネギトロ原料として消費される。	小ビンチョウ（10kg以下）が多い方が魚はよい。大型のビンチョウが混じる場合は北緯30度以南の可能性大。バチは小バチ（25kg以下）が極端に多く40kg以上は少ない。

世界のマグロ 2　太平洋漁場　西経側

漁場	緯度	経度	漁獲時期
WS （セイケイサウス）	S11～13	W118～128	4月～5月、 10月～11月
W （セイケイ）	S03～10	W105～140	通年
WN （セイケイノース）	N03～05	W105～140	通年
GP （ガラパゴス）	N03～S03	W90～100	通年
EC （エクアドル）	N00～S01	W80～81	4月～6月
P （ペルー）	S12～16	W80～85	6月～8月
P4 （ペルー領海）	S03～04	W80～81	4月～6月、 10月～12月
CL （チリ沖）	S21、 S30～31	W80～81、 W78～80	6月～8月
JS （ジョンストン）	N15～25	W150～160	4月～6月
LOS （ロス沖）	N28～30	W128～133	8月～10月
N （北沖）	N30～38	W155～165	10月～12月

太平洋のマグロ漁場

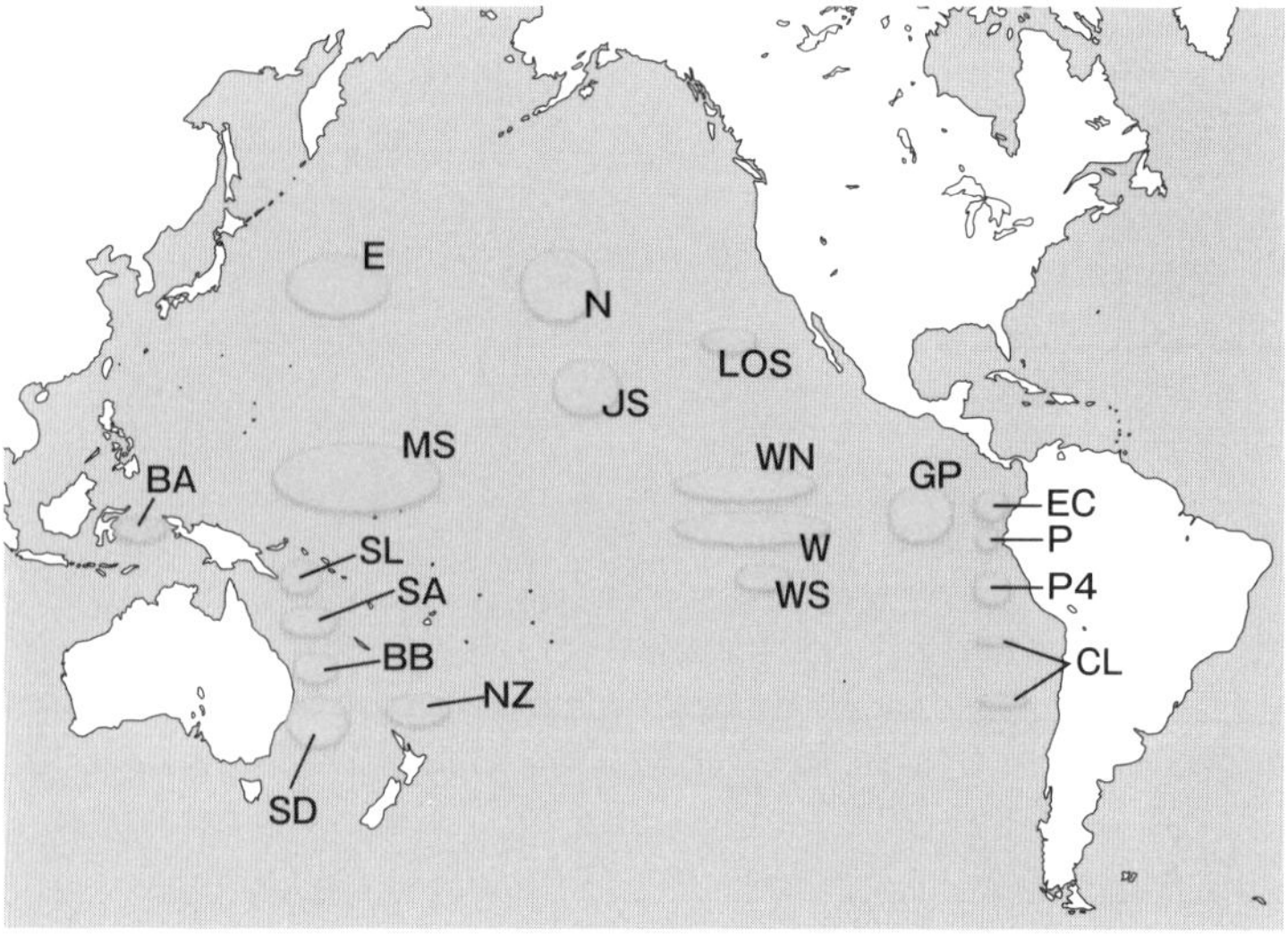

第5章

魚屋の神話

「包丁」という伝説の武器の有効期限

魚屋が抱く「人」についての大いなる誤解

魚屋がとらわれている大きな誤解は2つあるように思う。1つは「人」についての誤解。もう1つは「場所」についての誤解だ。

「人」についての誤解は「魚屋は忙しくて当然」というものである。

たしかに魚屋の1日は忙しい。たとえば午前10時開店でも、早番やチーフの出勤はたいてい午前7時台。まずは陳列ケースや冷蔵庫・冷凍庫の温度チェックをし、届いた魚、原料を搬入して検品する。さらに店内をくまなく掃除し、その日陳列すべき商品をチェックしていく。賞味期限切れのパックが残っていないか、ドリップや色変わりのあるものはないか——。このとき、ワタ抜きや加熱用切り身、開き、タレ漬けなど2次加工すれば販売できるものは加工していく。

当日、売るための商品を作るのも開店前の重要な仕事だ。とくに刺身を作る作業は手間がかかる。仕上がれば、大根や大葉などとともにわさび、醤油をつけてパックにのせ、ラップしていく。切り身作りや丸魚の冷塩水洗い作業もある。

値付け作業も気が抜けない。表示シールの魚種名は正しいか、原産地、加工国は間違いないか、添加物表示に明らかな漏れがないかなどを見る。

パックした魚は、加工会社から運ばれてきた魚卵や干物など塩蔵品とともに陳列する。プライスカード、ＰＯＰも確認。ここまできてようやくお客を迎えることができる。

あとは接客しつつ、商品を作っては追加する。オーダーがあれば丸魚のエラやワタを抜いたり、３枚おろしにしたりなどする。また、決まった時刻に、陳列商品の温度チェックや鮮度チェックを行う。

その日の商品を売り切る戦略は、ピークタイムを迎える前、午後早めの時間帯に立てなければならない。週の販売計画、ＰＯＳデータ、さらに曜日、天候、気温、セール・イベント、地域行事、社会の動きなども考えながら、商品アイテムの内容や点数を柔軟に変更する。戦略が立ったら、どんどん商品を作っていく。ピークタイムは店のタイプによってさまざまだ。たとえば百貨店の鮮魚部では午後３～４時。電鉄系の商業施設の店舗なら午後６～７時。その他のスーパーマーケットは、地域住民の年齢層によって時間帯がずれる。シニア層の専業主婦が多い地域、若い共働き家庭が多い地域とでは当然、異なってくる。

夕方、閉店前の値引きタイムもあわただしい。たいていは午後5時くらいに10％引き、20％引き、または50円引き、100円引きなどを行う。いよいよ閉店が近づくと半額シールを貼ったりする。ただ、売れ残っているものには、午後作ったばかりの商品も多い。売り切るために値引きするか。それとも、我慢して値引きによる荒利（粗利：東信水産では「荒利」とよぶ。以下、荒利）のマイナスを回避するか。プロの腕の見せどころだ。

さらに閉店前に翌日出す魚のエラ抜き、ワタ抜きや、2枚、3枚おろしなどをし、商品発注する。レジ精算処理を終えたら、翌日の販売計画について店内で打ち合わせる。

閉店時間になれば陳列ケースの商品は下げ、バックヤードに保管。冷蔵庫、冷凍庫の温度チェックをし、電源、水道栓、ガスを確認。消灯、戸締まりをしたら退社である。もちろん1人ですべてこなすわけではなく、分業で進めるのだが、多忙なことには変わりない。また、人員も多く必要になることから、人件費構成比も高くなりがちだ。

魚屋が学ばなければならないこと

ここまで、魚屋の１日の流れを見てきた。問題はつねに時間に追われているため、後進を育てる余裕がないことだ。

本来、魚屋には覚えるべきことがたくさんある。まずは多岐にわたる魚種の主要産地や旬、最適な加工法など、魚についてのあらゆる知識をマスターしなければならない。

たとえばベストサイズの魚を仕入れるテクニック。魚は大きければ大きいほどいいかというと、マダイなどの魚は大きすぎると大味になってしまい、おいしくない。また、魚種によって歩留まりが異なるため、ベストサイズがそれぞれ異なる。

ちなみに歩留まりとは、魚体のサイズに対する可食部の比率である。頭や腹骨をとり、皮をとり、３枚におろして骨をとると、歩留まりはアジで50%程度、タイだとせいぜい40%だ。ベストサイズはアジなら２５０《グラム》、マダイなら２《キロ》弱といったところだろう。歩留まりが悪ければその分、商品量は減り、産業廃棄物処理コストがかさんでしまう。とはいうものの、人気のサイズは仕入れ値も高くなりがちなので、バイヤーは市場の動き、売り場全体のバランスを見て適切なサイズの魚を仕入れる必要がある。

トレー選びもプロのセンスが問われる。縦横高さがそれぞれ異なるトレーをどう選択し、配置するかで売れ行きが変わるからだ。

たとえば15《センチ》×10《センチ》のトレーと、18《センチ》×15《センチ》のトレーがあったとする。客足が悪く、商品数を控えたいときは18《センチ》×15《センチ》のものを並べると、展開ケースの隙間を埋めることができる。でなければ、面積をとる丸形トレーを使うといい。逆に、年末商戦など、売れ行きのいいときはあえて小型のトレーを選び、たくさん商品を並べ坪効率を上げていく。まさに幾何学のセンスが必要とされる技術だ。夏は青、春は緑やピンク、冬は赤と黒など、季節ごとに色を変えていく。

ほかにも、基本的な値入れ、商品づくり、売り場づくり、複雑で変化の早い相場への対応術や販売計画立案など、学ぶべきことはいくらでもある。

包丁さばきよりも大切な「PLの読み方」

一番大切なのは、PL（損益計算書）の読み方だ（146ページの図を参照）。売上高から仕入原価を引いた荒利だけでなく、販管費を差し引いた営業利益を見る力が売り場のプロには欠かせない。

社員やパートの給与・通勤交通費・食費・福利厚生費といった人件費、地代・家賃、水道・光熱費、ちらしの印刷・配布にかかった広告宣伝費、設備にかかった減価償却費、支払保険料など、販売費および一般管理費（販管費※ただし、会社によっては販管費に含まないものもある）をひととおり洗い出し、計上していく。

どこにコストが隠れているかをリアルタイムで見抜くことで、的確な戦略を立てられるようになるはずだ。「人件費を適正化しよう」「広告宣伝を控えよう」「ディ

ＰＬの読み方（例：東信水産 店舗Ａ）

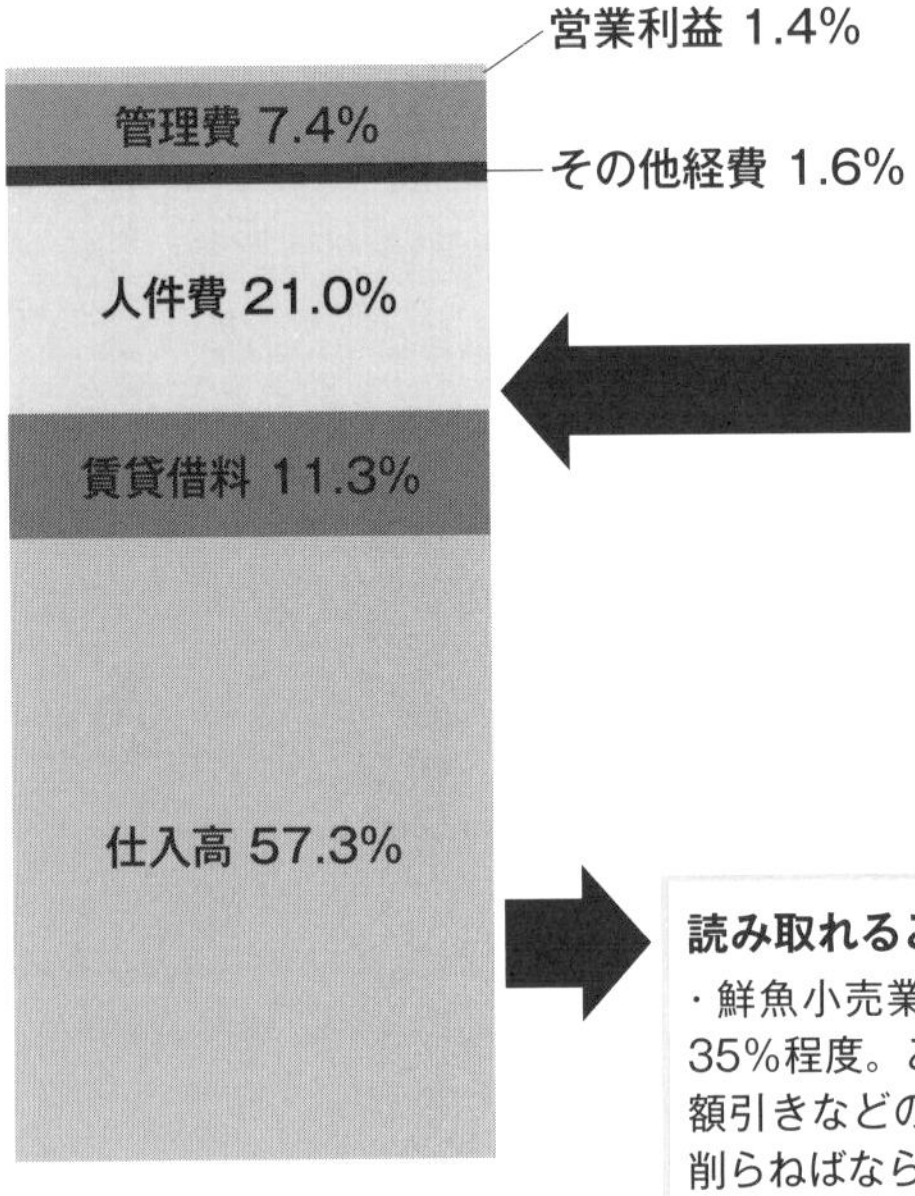

(%)

売上高		100.0
仕入高		57.3
荒利益		42.7
	賃貸借料	11.3
	売上総利益	31.4
販売費	人件費	21.0
	その他経費	1.6
管理費		7.4
営業利益		1.4

（* 売上高を 100%とする）

読み取れること

・鮮魚小売業の一般的な荒利（粗利）は35%程度。この表からも 30%引き、半額引きなどの値引きロスはなんとしても削らねばならないことがわかる。

・比率がもっとも高いのは仕入高だが、商品の質を維持するためにも、ここを削るわけにはいかない。テコ入れすべきは２番目に高い人件費。

結論

値引きを避け、人件費を適正化すれば、その分、利益率を上げられ、持続的な店舗経営が可能になる。

スカウント商品の比率を下げよう」などである。

とくに人件費の適正化は重要なポイントだ。人件費がかさみ利益率が下がると、持続的な店舗経営ができなくなる。中長期的に見れば企業としての体力ももたなくなるだろう。また、このまま生産年齢人口が減少すれば職人そのものが減ってしまう。いずれにせよマンパワー頼みの経営は成り立たなくなる。だからこそつねにＰＬを見ては人件費の適正化、改善を図っていくべきだ。

ＰＬを改善すれば、売り場の活力が生まれる。その上でどういう店舗づくりをするか考えていけばいい。本書の冒頭にも述べたように、包丁を握ることだけが魚屋の仕事ではない。これから鮮魚の世界に携わる人、今後も鮮魚の世界で生きていこうとしている人には、数字を武器に現場を動かしていく楽しさを知ってほしいと切に願う。

このように、魚屋は奥の深い仕事だ。知識も技術も求められる。だからこそ、学ぶ意欲に満ちた人が多い。東信水産で働く人たち、またこの業界で働くすべての職人、販売員たちを筆者は心から誇りに思い、尊敬している。

ところが、さまざまな鮮魚売り場に話を聞くと、「なかなか育成が追いつかない」という声を聞く。

もともと魚屋には、江戸時代から続く丁稚制度、徒弟制度の仕組みがある。親方について下積み仕事をし、ひととおり修業を終えたらのれん分けしてもらって独立する、というものだ。古きよき時代の育成システムだが、今の時代は、若手育成にもスピードと効率が求められる。1日も早く自ら考えて動ける自律型人材になってもらわなければ、組織としても変化に対応できない。

にもかかわらず、丁稚制度にかわるOJT（現場におけるトレーニング）の仕組みは魚屋の現場に根づいていないように感じる。「仕事は背中を見て覚えろ」式の育成しか行われていない、と嘆く人も多いようだ。高度成長期、大量の新卒採用を行ったことで、体系的な能力開発をするようになった一般企業とはあきらかな違いがある。

結果的に「スキル・知識が属人化され、伝承されない」といった問題が起こる。

また、ジョブローテーションが頻繁に行われる会社では、鮮魚部門に配属になっても3年ほどで異動となり、熟練者が育ちにくいという話も聞く。

リーダー層の育成も重要な課題だ。会社のビジョンや理念、目標を共有し、全社最適な目線をもてるような教育が必要だろう。

リーダーが自店舗の利益だけにとらわれていると、会社全体の業績に影響が生まれる。結果的に人件費も削らざるを得なくなってしまう。しかも最低賃金（最低時給）は基本的に上昇中で、２０２１年現在、東京都では１０１３円にまで引き上げられている。パート、アルバイトも増やしづらく、なおさら育成の余裕が失われてしまう。完全に悪循環である。

早期離職が深刻なのは他業界と同じだが、「ミドル層の離職」も頻発しているようだ。世話になった上司、すなわち〝親方〟が退職すると、その部下たちも一斉に退職してしまうのである。このような現象がたびたび見られるのも水産の特徴である。筆者がこの業界に入った際に、文化的なギャップに驚いたところである。丁稚制度が根づくこの業界ならではの現象かもしれない。

ミドル層、シニア層には、日本が経済大国だった頃から培った貴重な暗黙知をもつ人材が多い。東信水産にも、海外のあらゆる工場を見て歩いた品質管理のプロ、刺身の匠ともいうべき加工のプロ、長年、商社で活躍し、世界中の産地を熟知するマグロのプロがいる。「ほかの鮮魚小売がまだやったことのない仕事に挑戦したいのです。どうか力を貸してください」とお願いしたところ共感してくれ、持てる知恵と経験を惜しみなく後進の我々に教え、また活躍してくれている。

どんなに新しいテクノロジー、ビジネスもゼロからは生まれない。過去の経験値を活かしてこそ、新しい何かができるのだ。だが、疲弊した現場ではミドル、シニア層のもつ暗黙知を活かせない。目先の数字、足元の人事計画にとらわれ、彼らと夢を語り合う余裕がなくなってしまうからだ。結局、みんなやりがいを見い出せないまま離職、あるいは定年退職で職場を去っていくことになる。そうなれば、暗黙知は伝承されることもなく、やがて忘れ去られてしまう。

2020年に発表された「スーパーマーケット年次統計調査報告書」（一般社団

法人全国スーパーマーケット協会ほか）によると、**正社員が不足している部門は水産・鮮魚売場部門が全部門でもっとも多く、49・0％にのぼっている。**人材不足のトレンドは、少子高齢化を背景に今後も続くだろう。

このまま手をこまぬいていれば、人手不足閉店、倒産も覚悟しなければならないかもしれない。それほど魚屋が抱える「人の問題」は深刻だ。

まず、「魚屋は忙しくて当然」という思い込みを捨てるべきではないだろうか。まな板の前から離れ、数字を見る余裕、若手や次世代リーダーを育成する余裕が必要なのだ。

では、切羽詰まった状況でどのように余裕をつくればいいのだろう。具体的な方法については6章以降で詳しく説明していくことにしたい。

魚屋は「場所」についても誤解している

２０１７年４月にオープンしたＧＩＮＺＡ ＳＩＸは銀座エリア最大の商業施設

だ。世界のラグジュアリーブランドやこだわりのカフェやイートインスペース、ライフスタイル雑貨売り場などが並ぶ。従来の百貨店には見られないようなショップ、レストランばかりだが、訪れてみて、従来あったはずの売り場がないことに気づいた人もいるだろう。生鮮食品売り場がないのだ。２０１６年3月にオープンした東急プラザ銀座も同様である。好立地で集客性の高いＳＣ（ショッピングセンター）への魚屋の出店は非常に厳しいのだ。

今後は、ＧＩＮＺＡ ＳＩＸの手法が業界全体に浸透する可能性がある。「大型商業施設から生鮮食品売り場、とくに鮮魚売り場が消える時代」が到来するかもしれない。また、店舗の狭小化が進むことで、厨房そのものを保有することも困難になると考えられる。

地代・家賃が高くなるワケ

その理由は、魚屋の現在のビジネスモデルでは、地代・家賃コストを吸収し、利益を生み出すことがかなり難しいからだ。

小売施設にかかわる単位当たり施工費は、リーマンショック当時、全国的に下落傾向にあったが、東日本大震災の起きた2011年以降は上昇傾向に転じている。国土交通省の建築着工統計調査では、卸売・小売業用建築物の平米当たり工事費は2010年時点で10・5万円、2017年には17・8万円に達した。コロナ禍で全国主要都市のオフィス賃料は停滞、あるいは下落したものの、長期的に見ればこのまま賃料が下がり続けるとは考えがたい。

とくに鮮魚売り場はバックヤードが大きい。その分、地代・家賃がどうしても割高になる。

ウォークイン冷蔵・冷凍設備に解凍設備、洗浄設備、保管設備、汚物処理設備、機械器具、そして更衣室――ありとあらゆる設備を収めているためである。店の規模にもよるが、厨房も、基本的に丸魚の加工用と、刺身など生食の加工用とは別に設けなければならない。トレーも問屋から届いた袋詰めの状態のもの、袋を開封したものとは別室で保管するのがルールだ。**バックヤードが店舗全体の面積の80～90％におよぶ店も珍しくない。**

陳列ケース1尺に乗っているコストは

つまり、魚屋は全体の10分の1ほどの面積でお金を稼ぎ出すしかないことになる。

実際、魚屋の売り場では、刺身、生魚、鍋物、貝・海草、ウナギ、サケ・魚卵、塩干加工品、チルドなどコーナーの大きさを尺（30・3センチ）単位で表す。1尺当たりの売り上げを「尺売り上げ」と呼び、面積当たりの売り上げ効率を測る単位としている。

1尺にどれだけのコストが乗っているか、いくら荒利を伸ばせばそのコストを吸収できるのか、計算してみてほしい。ただでさえ1人当たりの魚の消費量が減り、魚粉など養殖魚のエサ代が高騰して仕入れ値が高くなっていることを考えれば、収益性は非常に悪くなる。

あらためて鮮魚小売業の収益構造の問題点を整理しよう。

・調理場を前提とした幅広い面積の確保

・その維持に必要な諸経費

・店舗ごとに加工、販売員を確保しなければならない労働集約モデル

「人」と「場所」をめぐる〝神話〟にとらわれている限り、魚屋に未来はないように思えてくる。

魚屋が稼げるマーケットはどこか

ここで考えなければならないのは、新しいマーケットの開拓である。

売上高＝客数×客単価という基本に立ち返ってみると、魚屋が注目すべきエリアはどこなのかが見えてくる。

これから可処分所得が増え、客単価が上がる年齢層はどこに住むのか？

人口が増え、客数が増える都市はどこなのか？

答えは東京だ。国立社会保障・人口問題研究所の「日本の地域別将来推計人口（平成30年推計）」によると、２０４５年の総人口は、すべての道府県で２０１５年を下回るが、東京都だけは増加し、１３５１・５万人から１３６０・７万人になる見込みだ。また、２０４５年において、65歳以上人口がもっとも少ない都道府県も東京都（30・７％）である。**少子高齢化が進んでも、東京一極集中はさらに加速するにちがいない。**

リモートワークが日常化し、地方移住志向が高まっているのでは、と思う読者もいるだろう。だが、人々の意識に大きな変化は生まれていないようだ。内閣府による「新型コロナウイルス感染症の影響下における生活意識・行動の変化に関する調査」（２０２０年６月）によると、東京圏の20代に「地方移住への関心に変化はありましたか」と尋ねたところ、「変わらない」「関心がやや低くなった」「関心が低くなった」と回答した人の合計は72・３％となっている。

17世紀に起きたロンドン大火は４日間にわたってシティを焼き尽くしたが、それでもロンドンは近代都市として繁栄し続けた。第二次世界大戦中、ナチスの占領下にあったパリも、いまだに世界的な観光都市であり、文化の発信源である。江戸時代から脈々と社会インフラを築き上げてきた東京のマーケットが、はたして感染症の流行によって縮小するだろうか。そうは思えない。

ポール・クルーグマンらの空間経済学理論によれば、人々は最低賃金に地域間格差がある場合、最低賃金がより高い地域に移動しやすいという。全国でもっとも最低賃金の高い東京に人口が集まるのは当然の現象といえるだろう。企業や娯楽施設が集積し、高い賃金が見込める東京は、若者だけでなく外国人労働者にとっても魅力的な街だ。日本の高度な医療システム、社会保険制度もまた、海外の働き手を惹きつけている。さらに日本の新型コロナウイルス感染による死者数は、他の先進国と比較しても幸い少ない。

注目すべきは最近、都心に増えてきた食品型ミニスーパー、コンビニだ。生鮮食品も豊富で、買い物に不自由していた都心の住民の人気をあつめている。

マルエツプチ、ローソンストア100、ｍｉｎｉピアゴ、京王ストアエクスプレｓｗｉｔｈ コミュニティ・ストアなどが知られているが、なかでも2018年以降、毎年100店舗を出店してきた「まいばすけっと」は、「2023年に2000店達成」を目標に現在もなお店舗数を伸ばしている。

増加の背景には、都内工場跡地の再開発で次々に竣工しているタワーマンションの存在がある。低層階に店舗が入居する複合用途型マンションも多く、ミニスーパーの拠点として注目されるようになった。

ミニスーパーには「いらっしゃい、いらっしゃい」と売り場で声をはりあげ、接客する店員はほとんど見られない。エプロンをしめて魚を捌いている人もいない。

鮮魚小売業の収益構造と現状

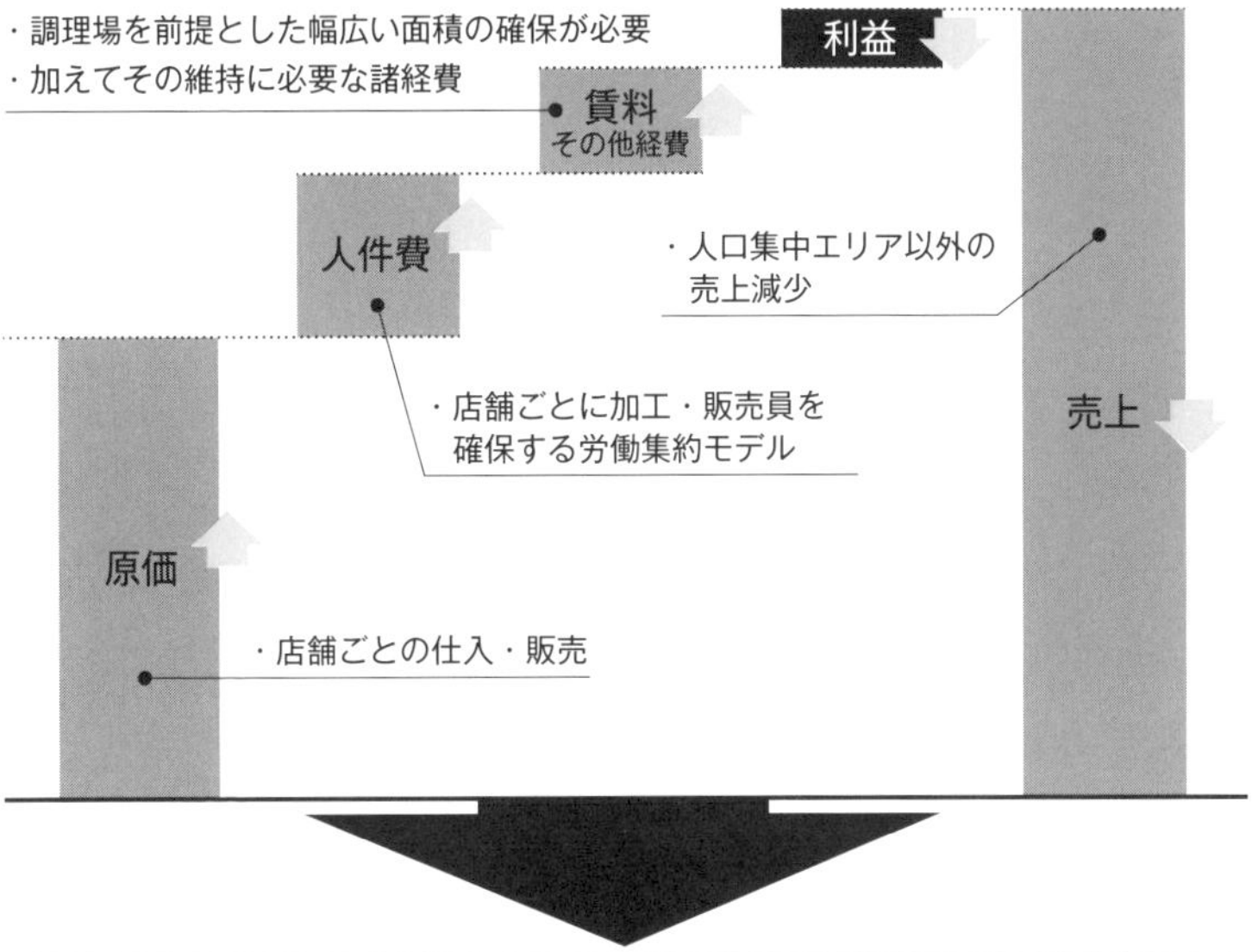
・調理場を前提とした幅広い面積の確保が必要
・加えてその維持に必要な諸経費
利益
賃料
その他経費
人件費
・人口集中エリア以外の
売上減少
・店舗ごとに加工・販売員を
確保する労働集約モデル
売上
原価
・店舗ごとの仕入・販売

これからの鮮魚小売のモデル

- ✓ 人口増の東京圏の狭小化への対応
- ✓ 調理場のない、コンパクトな店舗展開
- ✓ 店舗においては販売員のみ配置する
  スリムな人員構造
- ✓ 店舗ごとにブランドとしての統一感を持たせた
  商品の標準化・効率化
- ✓ これらを可能とする商品を生産する加工場

巨大なバックヤードもない。それだけ、売り場の面積当たりの売り上げ効率はいいはずである。つまり、ミニスーパーの鮮魚売り場は、魚屋独特の「人」と「場所」の問題をクリアしていることになる。

要するに、神話脱却のカギはミニスーパーが取り入れている「プロセスセンター」の仕組みにある。従来のように、仕入れ・加工をインストアで行うのではなく、プロセスセンターで一括して行い、パッキングして、各店舗に配送すればいいのだ。

- **人口密集度の高い東京圏ならではの狭小化への対応**
- **調理場のないコンパクトな店舗展開**
- **販売員のみ配置するスリムな人員構造**
- **店舗ごとにブランドとしての統一感を持たせた商品の標準化・効率化**

プロセスセンターを活用すれば、この4つがすべてかなう。

町の鮮魚店から出発した鮮魚小売業は、経済成長期にスーパーマーケットなど商業施設に組み込まれ、発展してきた。そして今、再び大きな時代の節目が訪れている。

では、魚屋としては具体的に何をどう変えればいいのか。次章から当社の取り組みをもとに、考えていこう。

第6章

新しい刺身

真夜中の工場がひっくり返す流通の常識

魚屋にとって刺身は技術力の結晶だ。斜めに包丁を入れ、角を立たせた引き重ねのカツオ。透き通るほどそぎ切りした薄造りのヒラメ。昆布締めしたものに、縦に浅く切り目を入れた八重造りのサバ。刺身の引き方次第で、見た目ばかりでなく味わい、歯ごたえ、食べやすさが変わる。上手に引いた刺身を通して、初めて私たちはその魚がもつ本当のおいしさに出合えるのだ。それだけに、刺身が美しい店ほど繁盛している。

一方、刺身が美しくない売り場は、だんだん客足が遠のいてしまう。「美しくない刺身」といってもイメージしづらいかもしれないが、たとえば刺身のサクには〝目〟といって、筋肉の筋・繊維がある。マグロを引く場合は、目が右上から左下の向きになるようにサクをまな板に置かなければいけない。逆向きに置くと繊維に引きずられて、切ると身崩れしやすくなる。また、尾のあたりで身が細くなっている部分は扇状、つまり斜めに切ってひと切れの大きさをそろえるようにする。細かい切れ端が入った商品はお客様に敬遠されて売れ残り、値引きの対象になるからだ。もちろん歩留まりもわるくなる。

新装開店したお店の刺身のパックを見て、「3カ月後には刺身売り場は縮小してしまうのでは」「技術力の高いお店だし、はやりそうだ」などと想像していると、実際にその通りになったりするから刺身は怖い。

プロセスセンターは「刺身の盛り合わせ」を扱いたがらない

刺身は技術料が含まれるため、他の商品より売価が高く設定されており、粗利率が高い。しかも、お客様はよろこんで刺身を買い求める。パックから取り出して皿に並べるだけの刺身は手軽に食べられるご馳走だ。大根や大葉などのツマもついているから、栄養的にもある程度バランスがとれる。

共稼ぎや単身者が増えるこれからの時代、魚屋のメイン商品は「台所で調理される魚」から、「食卓に直行する魚」へと変わっていくだろう。刺身の需要はますます大きくなるにちがいない。

だが、店舗で刺身を加工すれば、どうしてもコストがかさんでしまう。人件費もかかるし、廃棄物も増える。その分、売価を上げれば売れ残る確率が高まり、値下げロス、廃棄ロスが生まれる。そもそも人手不足の時代なので、加工スタッフを確保すること自体、難しいのが現状だ。

そこで最近は仕入れから加工、パッケージまで一括して行う加工工場「プロセスセンター」にまかせる店が増えている。プロセスセンターでは専門スタッフが集中して加工作業をするため、計画的な生産が可能だ。だから、販売計画に合わせた発注がしやすい。しかも、決められた手順、ルールに基づいてつくっているから、商品も標準化されている。信頼できるプロセスセンターであれば、衛生管理、商品表示などコンプライアンス上の管理も徹底している。

ただ、切り身やしめ鯖のフィーレなどはつくっても、刺身についてはマグロの切り落とし、タイのサク、ボイルのタコなどが多く、盛り合わせを手がけるプロセスセンターはまだあまりないようだ。

だいたい刺身をプロセスセンターで扱うこと自体が容易ではない。刺身は時間経過による色変わりや鮮度劣化のスピードが速く、品質管理が難しいからである。とくに盛り合わせは、入荷状況によって魚種、産地、鮮度、質、養殖・冷凍などさまざまな原料を組み合わせることになる。それぞれの消費期限を把握したうえでうまくマッチングを考えなければならない。

最大の問題は店舗と同様、刺身を作れる人材を確保しなければならないことだろう。熟練技能者を集めればＦＬコスト（人件費、原価）の比率が高くなってしまい、継続的な稼働が難しくなってしまう。

忙しすぎる魚屋の朝

ここから先は、東信水産の話になる。

先述したとおり、魚屋の朝は忙しい。出勤すると清掃や品出し、値付け作業などやるべきことは山ほどある。当日売る商品も作らなければならない。とくに刺身を引く作業はある程度経験が必要となるため、店長などベテランの社員が早朝出勤することになる。頼りになるスタッフが辞めてしまったときなどは、朝のシフトの穴埋め込み必要だ。

かつては東信水産の若手のなかにも、「魚屋の仕事とは何なのだろう」という疑問を抱く人もいたのではないだろうか。たしかに調理加工の仕事は楽しいし、奥が深い。だが、魚を切ることははたして自分たちの中心業務なのだろうか……。

私自身、見ているうちに思わず考えこんでしまったほど、2011年当時、スタッフたちは作業に追われていた。青果、精肉部門の店員は接客で忙しいのに、鮮魚売り場だけは店長、副店長を含め、ほとんどのスタッフがバックヤードにこもって作業をしている。

だが本来、バックヤードはお金を生み出す場所ではないはずだ、と感じた。**魚屋の利益は魚を販売してこそ生まれるのではないだろうか？**

店長たちに疑問をぶつけてみると、誰もがいぶかしげな表情になった。荒利を上げるにはとにかく刺身を作るのが一番だという。自分たちで考えて作れば入荷状況や客足を見て、切り方や盛り付け方を工夫できるから、と。なるほど、たしかに腕次第で売値は張れるかもしれない。だが、ＰＬはどうだろう。加工に費やされる人件費、設備費、家賃・地代、水道光熱費、廃棄物処理コストは？

当時、働き方改革は喫緊の課題で、最低賃金も上がる一方だった。「人材獲得競争はどんどん過熱化し、魚屋としてはパート・アルバイトスタッフも確保しづらくなるだろう。そうなれば、人事計画は今後ますます立てづらくなる」と感じた。

観察していると、人手不足が深刻な店舗ほど売り場を埋めることでいっぱいになりがちだということがわかった。月間・日別の販売計画、売り場計画をじっくり練る時間、商品開発するための時間が奪われれば、客足が遠のいてしまうのではという危機感を持った。そうなれば、結果的に人件費に資金を回す余裕も失われていく。

全国のスーパーの中には労力が追いつかず、品ぞろえを主力商品に絞らざるをえない店も増えつつあると聞く。売れ筋商品に特化しすぎてＭＤ（マーチャンダイズ：商品政策）に幅がなくなり、旬の商品を出せなくなった結果、客数が減り赤字になってしまう店もあるようだ。

あらゆる角度での検証、自問自答を繰り返したどりついた結論は、やはり「魚屋がひたすら魚を切り続ける時代は終わらせなければいけない」ということだった。

魚屋が魚を売ることに集中するには、バックヤードの仕事をある程度代替してくれる工場が必要だ、と確信した。なかでも荒利率の高い刺身の加工作業を集約すれば、現場に大きな時間の余裕が生まれるはずである。

自社店舗だけでなく、困っているスーパーマーケットの鮮魚部門にも刺身を届けたい、と考えた。午前中に売り切れるくらいの刺身パックが朝一番に搬入口に届いていれば、スタッフのみなさんはどれだけ助かることだろうか。

さらに近年は都心のミニスーパーの出店が増えている。多くは工場跡地などに建設された高層マンションの低層階にあり、坪数が少ない。スタッフも販売員のみと人員構造のスリム化、効率化が進んでいる。

鮮魚売り場のバックヤードは排水、廃棄物の処理のため、本来かなりの面積を必要とすることは５章で述べた。しかし、これからは従来のやりかたが通用しなくなる。地代・家賃の高騰を考えれば、バックヤードのない店舗は確実に増えていくだろう。ミニスーパー、さらに将来的にはコンビニや駅ナカショップにも置けるような商品が必要とされているのだ。

東京23区から新鮮な刺身を届ける

第一に考えるべきテーマは「立地」だった。

少子高齢化によって全国の人口はこれから縮小、あるいは停滞し続けるだろう。だが、都の統計によれば、東京23区の人口は２０３０年までは増え続けると予測されている。

全国でもっとも需要が高く、一番忙しいはずの23区の売り場こそ刺身を必要としているはずだ。そのためにも、23区内に物流の拠点を開設したいと思った。

それも、加工したその日のうちに店頭に並ぶ、当日売切の商品「Ｄ＋０（デイゼロ）」商品をつくりたい、と考えた。「D＋0」にこだわったのには理由があった。
じつは店舗で引いた刺身は、作りたてであってもかならずしも獲れたてではなかったりする。売れ残った丸魚を翌朝捌いて柵にし、それでも売れ残れば刺身にする、といった処理をすることが多いからだ。その場合、水揚げしてから3〜4日経った刺身が店頭にならぶこともある。

産地で食べるような水揚げ直後の魚は、鮮度感があって美味だ。一方、歯ごたえはあってもうまみに欠けるという人もいる。その場合は、数日寝かせ、熟成させてから刺身にするが、身のやわらかい魚種など、魚屋としては熟成させたくない素材もある。つまり、熟成させて店頭に出すか、新鮮な状態で出すかは本来、担当者の判断次第なのだ。

とはいえ、今ではその選択肢がもてない店が増えてきた。人件費や廃棄コスト、光熱費の削減のため、売れ残った魚を刺身加工するという一択しかないというところが少なくない。だが、工場で作った「D＋0」商品は新鮮なうえ、販管費も乗っていない。価格も抑えることができる。

「D+0」を実現する2つの工程

問題は、23区のプロセスセンターから新鮮な刺身をどうやって届けるかだが、現代の進化したコールドチェーンを活用すれば可能だ。

まず、水揚げした魚を即、産地の水産加工会社で骨を取り除いた半身のフィーレにしてもらう。丸魚のまま港から23区に直送すれば、時間も手間もかからないのでは、と思うかもしれないが、そうはいかない。魚の歩留まりはよくてせいぜい50%。半分以上の頭や骨、内臓などはゴミになる。大量のゴミを産業廃棄物として処理するほどお金がかかることはない。その分、売価がつり上がり、お客様に喜ばれない商品になってしまう。

さて、ここからが重要な点だ。パックされた刺身には名称、値段、正味量、産地、消費期限、加工年月日などを記載した商品表示ラベルを貼らなければならない。加工年月日は最終工程が終わった日を指す。言い換えれば、消費期限はパックが終えるまで発生しないということだ。

夜中に新鮮な刺身を引き、零時を越えたら最終工程に入る。夜明け前に出荷し、開店前に各店舗に商品を届ければ、「その日作った刺身」を朝一番に店頭に並べることができる。

この方法なら、「D＋0」商品を23区発で作ることができる。

養殖業者はエサや生け簀を工夫することでブランディングを図ってきた。**小売業者は「物流×加工」という掛け合わせによってブランディングできる。**店舗のバックヤードで引く刺身以上に鮮度や品質のいい刺身をプロセスセンターで加工すれば、バイヤーも安心できるし、お客様も喜ぶ。

初心者を刺身のプロに育て上げる

プロセスセンターを作るにあたり、第一に考えるべきテーマは「人材」だった。

各店舗に必要とされる人材像とプロセスセンターで必要とされる人材像とはまったくちがう。プロセスセンターにおける人材育成プログラムのポイントは「高付加価値の商品を作り出す人材をいかに短期間に生み出すか」だ。

鮮魚業界の育成は、まだまだ「オレの背中を見て覚えろ」式のところがある。いわば「侍」を育てる教育プログラムであり、時間がかかるのが難点だ。近代兵器をすぐ使えるようにした、明治維新時の教育のような別のプログラムが必要だった。

そのためにはトレーナーが要る。自分の技と経験をしっかり伝え、手取り足取り指導してくれる教師がいれば、初心者でも美しい刺身の盛り合わせが作れるようになるはずだ、と考えた。

人は調達するものでなく育てるもの。座学、実習と十分に教育を行い、現場で経験を積ませれば必ず戦力になる。

荻窪に誕生した刺身工場「東信館」

2019年6月。刺身、すし、総菜、切り身を作る工場を本格始動した。名前は

「**東信館**」。香港で暮らしていた剣道家の叔父夫婦が現地の日本人子女に日本文化を伝えるため運営していた道場「東信館」の名を引き継いだ。剣道も日本文化なら、刺身を引く技も日本文化だ。大切な日本の伝統技能を伝承するための施設にしたいという願いを込めた。場所は東京都杉並区南荻窪にあった会社の車庫跡地である。環状8号線と青梅街道が交差し、五日市街道も近く、高井戸インターチェンジからすぐという好立地だ。

幸い、東信水産には包丁を握って三十年という「刺身の匠」ともいうべき熟練者が在籍していた。それぞれ館長、副館長として講義や現場の指導にあたってもらうことにした。

問題は品質管理のエキスパートだ。水産加工の専門会社には、タコのボイル専門、真鯛のフィーレ専門といった品質管理のプロフェッショナルがいる。しかし、彼らは工場内で刺身の盛り合わせを作ってきた経験がない。違う食品同士が混ざると管理が複雑になってしまう、というハードルもある。

細分化、専門化されたジャンルのプロではなく、多様な魚種の品質管理に携わってきた人なら３点盛りにも５点盛りにも対応できるのでは――と品質管理に詳しい知人に相談してみた。

私の前職の総合商社で品質管理室長を務めていた人だったのだが、彼自身、世界のありとあらゆる食品加工工場を見て回った経験があり、さまざまな工場のいいところも悪いところも知り尽くしていた。「刺身の盛り合わせを作れる工場をやりたい」と話すと面白がり、「世界中の工場のいいとこ取りをしたプロセスセンターを自分が作ろう」と申し出てくれた。

加工した商品は現在、首都圏にある自社店舗以外に、大手ＳＭ系など、23区の店舗に提供している。より多くの店舗、お客様に向け、東信館２号館、３号館の開設も計画中だ。

「物流×加工」のブランディング化は現在もなお進化している。お客様や取引先にもっと喜んでいただくため、より鮮度のいい商品をより安く提供する方法を模索しているところだ。

たとえば、活魚車の容積は限界があるので積載効率がよくなく、輸送コストがかかってしまう。そこで水産加工会社とともに検討しているのが、「首都圏に近い郊外の水産卸売市場にあるフィーレ加工場を利用してあたらしい物流をつくれないか」というアイデアである。卸売市場でフィーレを作り、真空パックにして直接、東信館に発送してもらえば、運賃はもっと抑えられるし、鮮度も下がらない。

昨今は高齢化や市場外流通が進んで仲卸業者の廃業が相次ぎ、全国の地方卸売市場は歯抜け状態になっている。市場の再開発の一環として、空いた場所に水産加工場を開設するケースも多い。

居住地域に水産加工場をつくれば、廃棄物や下水処理などが地域で問題になるし、駐車場もつくらねばならない。だが、もともと市場であれば必要な設備はすべてそろっている。国道、高速道路も近い。とくに圏央道のインターチェンジに卸売市場の商機は大きい。

1章で見てきたように水産流通は、仲卸を介する「市場流通」が中心の時代、大卸、産地から直接小売が買いつける「市場外流通」が中心の時代、と変遷してきた。

さらに今、既存のインフラを再利用した新しいビジネスのインフラが立ち上がろうとしている。

４代目としては、つねに時代の潮目を見てそのときしかできない流通改革を仕掛けていきたい。時代は揺れ動く。だからこそ魚屋にもチャンスがめぐってくるはずだ。情報化、ＩＴ化の進む今はなおさらである。

ただ、間違えてはいけないのは、今日も現場で働く一人ひとりの魚屋の仕事を否定しているのではないということだ。潤沢な人員が望めないために、膨大な魚の知識をもつ人が作業場から出られず、お客様対応できない現実を否定しているのである。

魚屋全体のビジネスモデルの変革期であるとともに働き方の変化の時代も到来しているといえる。

次章ではＩＴ化によって可能になった経営改革、働き方改革について説明していこう。

第7章

ITによる化学変化

スピードアップした経営判断と人の成長

東信水産の店舗ではペーパーレス化に先んじて投資を行った。「Fish Order（フィッシュオーダー）」という、自社で内製した受発注管理システムを全店舗に導入したのである。

使っているのはｉＰａｄ。魚種ごとに産地や加工地の一覧が閲覧でき、欲しい魚を選んでタップすれば発注作業は完了だ。本社のバイヤーや、オンラインでつながっている取引先の問屋さんに注文が飛び、商品が自動的に入荷される。また、売上データもタッチ入力でオンライン処理できる。オンライン化された各事業所や店舗の仕入れ、売り上げ、さらに荒利（粗利）データは全社で共有され、逐時見ることができる仕組みだ。

開発のスタートは、筆者が東信水産に入った２０１０年春にさかのぼる。当時は営業企画部（現商品企画部）に所属しており、トップの経営判断に必要な数字をまとめあげる仕事や、産地開発、新商品開発をまかされていた。

迅速な経営判断には、迅速かつ正確な情報収集が不可欠だということは入社したてだった著者にもわかった。しかし、各店舗の売り上げ報告は、少なくとも２日経たないと本社に上がってこない。

「どういうことなのだろう」と不思議に思い、本社と店舗を往復しているうちに事情がのみこめてきた。

店舗を訪ねてみると、店長たちはたいてい店頭にはいない。バックヤードを覗いてみると、そこにもいない。スタッフに聞くと「休憩室にいますよ」という。行ってみると、書類の山に囲まれてせっせと作業している。何をしているのかと思いきや、ひたすら手書き伝票のチェックをしているのだった。

当時、東信水産の各店舗では３枚つづりのチェーンストア伝票を使っていた。１枚は本社、１枚は仕入れ先、１枚は店の控えだ。ペンだこを作りながらマダイ、サバ、アイナメ、ホウボウ、コチなど、大量の商品の伝票にいちいち手書きでサインするのが、店の最終決裁者である店長のルーティンワークだったのである。

大型店ともなれば伝票の数も膨大なものとなる。専門的な商品知識をもち、すぐれた接客能力をもつ店長が、１日の多くの時間を伝票整理に費やさねばならない現実に衝撃を受けた。

2日がかりで処理されていた売上結果

各店の売り上げは紙に書かれ、翌朝、ファクスで本社へ送られる。とはいっても、送付の締め切り時間はあってないようなものだ。だから本社では朝から首を長くして全店舗分のファクスが送られてくるのを待たなければならなかった。ファクスがすべて集まれば、担当スタッフが1・5人体制で確認し、手作業で数字をパソコンに打ち込む。入力作業に8時間、ほぼ2日かかって、ようやく前々日の売上情報が出てくるというありさまだった。

これでは、スピード感ある販売戦略などとうてい打てるはずがなかった。

鮮魚小売のマーチャンダイジングを的確に行うには、勘と経験だけでなく、スピーディーな情報収集と解析が必要だ。**PLを早く正確に把握しなければ、販売戦略や仕入政策を科学的に分析し、オペレーションすることはできない。**それなのに、日々の売り上げすら把握できないのが実情だった。

大切な戦力である店長たちが単純作業に忙殺されているのも納得できなかった。

見ていると、伝票処理だけでなく仕入れにも苦労しているようだ。ちょうど東日本大震災直後で物流が滞っていたこともあるが、根本的な仕組みに問題があると感じた。本来の店長としての仕事に専念してもらうためにも、デジタル化による業務改革は必至だった。

バーコードで読み取れない商材が9割

さっそく、伝票処理や発注作業をオンライン化できるシステムを、ソースから作りこむことにした。**めざすは各店舗の売上データや棚卸データ（在庫情報）、さらに翌日のセリ場相場情報までリアルタイムで共有できるデータベースの構築だ。**

この頃、ＥＯＳ（電子発注システム）は東信水産にもすでに導入されていた。台帳に貼られたシールのバーコードを読み取り、オンラインで発注することで、納品までのリードタイムが短縮できるというものである。ただし、規格化された製品にしか用いられないので、生の魚介の仕入が多い鮮魚店では限定的な活用しかできない。バーコードで読み取れるような「定勘」、つまり数えられる商材は、全体の仕入れ量の10％程度。残り90％は仕入れの〝ユニット〟がそれぞれ異なる「不定勘商材」だった。魚は魚種によって単位が違う。たとえばアジやイワシ、エビなどは1尾、2尾と数えるが、サンマは本で数える。薄くひらべったいヒラメは枚、イカやカニなどは杯、エビは尾、マグロやブリなど大型の魚はキログラムとバラバラだ。また、樽や発泡スチロール容器で仕入れることから、業界では「1樽何尾」と言ったり、「発泡スチロール5キロ箱で何尾」などと言ったりすることもある。

設計者の理想と魚屋の現実をすりあわせる

「不定勘の壁」は高く、システム開発に着手したものの、最初のマスターデータを整理する段階でつまずいてしまった。**だがすぐに「システム上の理想を捨て去らなければ、鮮魚小売のIT化なんてできっこない」と気づいた。**

システム設計者にはシステム設計者の考え方があるように、現場には現場の考え方がある。あくまで現実に即した形でマスターデータを構築していかなければ…。

まずは現場のことをもっと知ろう、とベテラン職人さんたちにヒアリングすることにした。一魚種、一魚種について相場や理想的な規格を確認していったのだ。そこであらたに気づいたのは、同じ魚種でも膨大なバリエーションがあることだった。産地が異なる、重量が異なる、サイズが異なる、部位が異なる、時季（季節）が異なるといった具合だ。水産の世界は想像していたよりも奥深く、ややこしかった。

悩んだ末に、各魚種のなかで典型的かつ理想的な商品を選び出すという手法にたどり着いた。これらをモデルとし、コード化してマスターデータに組み込むのである。

こうしてどうにか「不定勘の壁」を超え、今までカウントが困難だった商材をも網羅するマスターデータを完成させることができた。

さらに信頼関係のあるサプライヤーと会計システムをリンクしていった。いよいよシステムを本格稼働しようとしていた矢先、思ってもみなかった出来事が起きた。

2011年冬。システム開発は最終局面である試験運用のフェーズに入っていた。この頃は当時一般的だったガラケーを用いていたが、入力作業が多くなってきたのでそろそろノートパソコンを店舗に導入してみようと検討していたところだった。社内会議でシステム開発の経緯を説明し、パソコンの導入計画を発表したところ、すぐ衛生管理に携わる部署から通達メールが飛んできた。

開いてみると、「熱源となり、有線のパソコン機器を店舗厨房に持ち込まないでほしい」とある。熱源は虫を寄せつけるし、ネズミが出れば有線をかじって発火する可能性もゼロではない、との説明だった。

たしかにパソコン機器は不衛生だ。キーボードは埃が溜まりやすいし、洗浄もしづらい。他社と比べて東信水産は店舗へのコンピュータ導入が遅いなとは感じていたが、衛生安全の観点からいえばもっともな方針だ。

頭を切り替えて、ゼロベースで機器を選定しなおそうとデスクに向き直ったとき、片隅に置きっぱなしになっているiPadにふと目がとまった。2010年に発売された第1世代のiPadだったが、書類のフォルダとして活用するくらいで、ふだんは存在を忘れていた。当時は重量があり、かばんに入れて運ぶには重すぎたからだ。しかも、動画も見られない。まもなく販売される第2世代を購入すれば、もっといろいろ使いこなせるようになるだろうなと手にとった瞬間、あっと思った。

iPadは電源を切れば熱源とならず、充電時以外は無線で対応できる。埃がたまりやすいキーボードもなく、画面はアルコールで除菌できる。しかも、少々濡れた手でタップしても故障しづらい。

大学院時代、iPodが発売されたときの感動がよみがえってきた。CD1枚分しか録音できないMDとは桁違いに大量の音楽がダウンロードでき、一人きりで実験室にこもっている夜が一気に楽しくなったのを記憶している。iPhoneが発売されたときも、ポケットひとつにおさまるサイズなのに音楽も聴ければ電話もできると知り、すごいイノベーションだと圧倒された。

——そうだ、ｉＰｏｄはただの携帯型音楽プレーヤーではない。ｉＰｈｏｎｅは単にＡＶ機器と電話がくっついた機械ではない。どちらもインターネット接続が可能な無線コンピュータだ。ｉＰａｄもそうだ。異なる場所からインターネットを経由して統一データを作り上げるための端末機器、スマートデバイスなのだ。ただの電子書類のブリーフケースなんかではない。

今にして思えば当たり前のことなのだが、ガラケーが主流の時代、ケータイを「携帯電話」としか見ていなかった筆者にとって、この気づきはまさに青天の霹靂だったといっていい。

デジタル化により実現した黒字

すぐ15台のｉＰａｄを導入し、試験運用を始めた。敬遠されるかと思いきや、スマホが浸透しつつあった頃でもあり、意外にすんなり受け入れてもらえた。パソコンに抵抗のある世代のスタッフも、タブレットにはすぐ馴染んだようだ。実際に活用して検証しながら、必要な機能を付け足すなど試行錯誤を繰り返し、スピーディーに経営資料を整えられるようなツールが誕生したのは、１年後のことだった。

完成した「Fish Order」は大きな文字、シンプルな仕様が特徴。直感的な操作が可能だ。ＯＡ操作が苦手な人も簡単に入力できる。２０１３年２月、各店舗に合計65台を導入し、いよいよ本格運用を開始した。

ただ、現場に違和感がなかったわけではない。タブレットを扱うことはできても、ペーパーレス化やデジタル化そのものに対する戸惑いは大きかったようだ。

だから、本社スタッフが一丸となり、みんなで日々店舗を回った。「売上報告はパパっと数字を打ち込んで終わりだし、仕入れも選んでタップするだけです」「こっちのほうが絶対に便利ですよ」「伝票もサインもファクスももういらないんです」などと店長をつかまえて説明し続けた。

やがて、最後までデジタル化に二の足を踏んでいた店舗も考えを変えてくれた。

Fish Orderの使い方

① どの分類の商品を探す？

② 相場情報もチェックして…

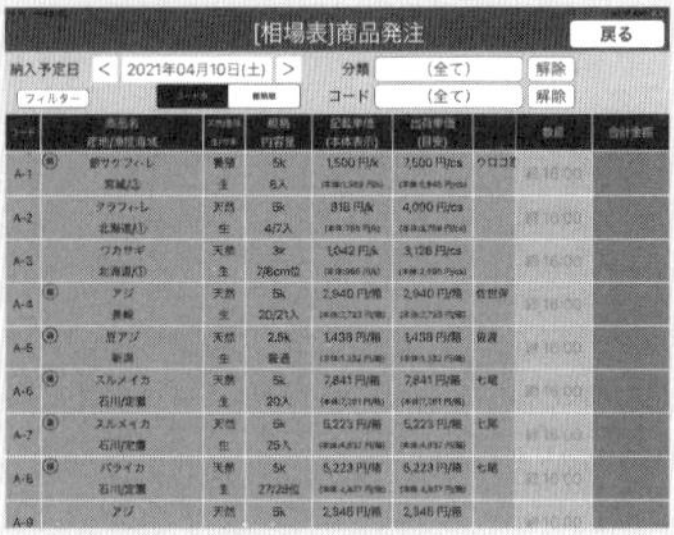

③ その場で発注！

④ 今日の発注金額、納品予定金額もわかる

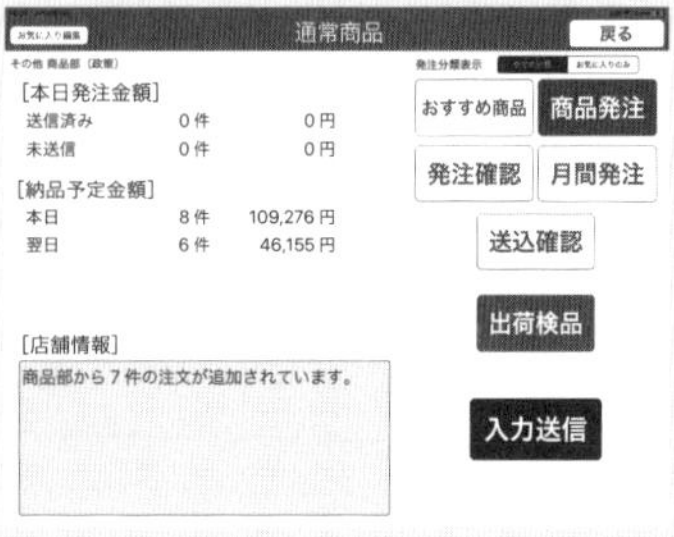

オンライン化したことで、日々の売上総利益は一目瞭然となる。そこから固定人件費、管理費を引き算すれば営業利益が日次で見える。結果的に赤字続きだったその店舗は黒字化を果たすことができた。そこで初めて、水産小売業のＩＴ化とＤＸについて納得してもらえたようだ。

突然のキャパシティオーバー

こうしてすったもんだの挙句、やっとシステムの本格稼働にこぎつけたわけだが、その後の道のりも平坦ではなかった。

夜な夜なソースから手作りし、ついに完成させたサーバー第1号機のキャパシティオーバーが発生したのだ。ただでさえ鮮魚小売店で扱う魚は多様なうえ、四季折々で顔ぶれが変わる。日々のデータは膨大な量となり、あっというまにサーバーの許容範囲を超えてしまった。

「ここ（本社）」ではコスト、体積の限界があり、サーバーの開発はできないと思った。だから、「ここ」を否定することとした。

メモリを増設したとしても、コストと容積の限界はいずれ近いうちにやってくる。機密保持できる外部サーバーとデータを共有すれば、「ここ」の概念はなくなるはずだ。

ただし、そのためには社員のマインドチェンジが必要だった。当時、情報漏洩への不安などからデータを外部に預けることに抵抗感を抱く人は多かったからだ。テクノロジーは進歩していたが、活用する側のリテラシーはそのスピードに追いついていなかったのである。

そこで今度は社内の各部署、関係各社を回る日々が始まった。外部サーバーを使えば、社内サーバー構築に膨大なコストや時間を費やす必要はもはやなくなること、容量も増え、キャパシティオーバーなどによるサーバーダウンの心配もなくなること、セキュリティ面でも信頼できることなどを説明し、了解を取り付けていった。

苦労はしたが、このとき意識変革を促したことによって、やがてクラウド時代が到来するとなんの問題もなくその波に乗ることができた。

リモートデスクトップの導入も容易になった。リモートデスクトップとは、1つのサーバーに複数のユーザーが接続し、仮想コンピュータのもと、同じデスクトップ環境を共有するシステムだ。

モニターとキーボードさえあれば、わざわざ1人1台ずつパソコンを用意しなくてすみ、省スペース化できるし、外出先からも接続できる。3年前から活用を始めたが、意外なところでこの試みが役立った。２０２０年7月、新型コロナウイルス感染拡大により、社員の在宅勤務率を70％にするよう国から要請されたときも、難なくテレワークを推進することができたのである。

まだ普及・浸透していない仕組みであっても、必要と思えるものはとにかく活用してみる。すると、あとから世の中のムーブメントが起こり、自分たちが一歩先を歩んでいたことに気づく――ビジネスの変革はこうして進んでいくのかもしれない。

スピード化した本社の経営判断

ｉＰａｄ導入の成果は大きかった。

ペーパーレス化、業務改革が実現できたばかりではない。サーバー上で計算された売上集計は、翌日昼頃にはレポートとして提出されるので、各地域のお客様のニーズがリアルタイムでわかる。先述の通り、各店舗の売上データ、発注データ、棚卸データを閲覧・分析でき、損益状況も日々把握できるようになった。

本社のデータベースにアクセスすれば、販売部（店舗）、商品部ばかりでなく、営業企画部や経理部もリアルタイムでこれらの情報を共有できるようになった。

結果的に本社の経営判断は1・5日早くなり、部長判断、店舗判断と連動して一本串となった。一連の試みと業績が認められ、2014年にはモバイルコンピューティング推進コンソーシアムの「award 2014奨励賞」を受賞している。

自発的な発信で加速する「人の成長」

こちらがまったく想定していなかった副次効果もあった。

配布したiPadのカメラアプリを用いて、各店舗が写真や動画などを自由にアップロード、閲覧できるようにしたところ、店舗スタッフたちが自発的に情報発信を始めたのだ。

魚の切り方、盛りつけ方、パック商品の並べ方、丸魚の陳列法。あるいは店舗レイアウトや、ひな祭りやお正月、土用の丑の日といった季節ごとのフェアの展開の工夫――。ｉｐａｄ画面は突然、新しい取り組みや面白い工夫であふれ始めた。

アップロードされたもののなかでいい工夫があればさっそく真似したり、自店舗なりにアレンジしたりする動きも広がった。とくに伸び悩んでいた店舗にとっては売り上げの好調な店舗のやりかたが参考になったようだ。

本社側の我々は店舗の意外な反応に驚きつつも、すかさず仕組み化を図った。毎朝、開店したら各店舗にその日の陳列状況を撮影、アップロードしてもらい、その中から本社がよいものを選び全店舗向けにあらためて公開する、などだ。**日々、リアルタイムでベストプラクティスを共有できるようになったことで、店舗同士の学び合いが進み、モチベーションも高まった。**

もともと魚屋はコンビニなどと違い、店舗ごとの裁量権が大きい。いうなればローカリゼーションが強いわけだ。ローカル色を大切にすることが悪いわけではないが、視野が狭いままではいいアイデアや工夫は生まれてこない。

ところがシステム化したことで本部とのネットワーク、店舗間のネットワークが生まれ、情報の流れを阻んでいた壁が取り払われた。結果的にグローバリゼーションが進み、人の成長が加速し始めたのである。実際、ローカリゼーションとグローバリゼーションをうまく併せ持つ店舗ほど、業績が好調のようだ。

煩雑な魚屋の勤怠管理を一目瞭然に

「Fish Order」に続く「Fish シリーズ」第2弾、「Fish Schedule（フィッシュスケジュール）」についても説明しておこう。

生鮮小売業で働く人のシフトパターンはさまざまだ。早朝3時から市場の競りに出るバイヤーもいれば、店じまいを済ませる午後10時ごろまで働く店舗スタッフもいる。その他、業界ならではの商習慣や複雑な分業体制があり、勤怠管理が難しい。

東信水産もその例にもれず、勤怠管理は煩雑で非効率だった。タイムカードによる出退勤の打刻と、紙による勤務シフト表が一致しないことなどはしょっちゅうで勤務実態が把握できず、総務部の頭痛の種となっていた。

そこで導入した労務管理システムが「Fish Schedule」だった。現場業務のＩＣＴ化計画の一環として自社で内製し、「Fish Order」に続き２０１５年５月から全店で導入。約２カ月間稼働の検証を経て、改良を加え、同年７月より全店で本格運用を開始している。

仕組みは以下のとおりだ。

①　事前に本社の各部署や店舗管理者が管理画面から勤務シフトを登録する。
②　従業員全員にＱＲコードが印字された個人識別用カードを付与。
③　従業員は出勤したら、職場に配備されたｉＰａｄにカードをかざし、システムにアクセス。
④　表示された個人画面の「出勤」を選択すると黄色の線が引かれ、打刻される。

⑤　退勤時には「退勤」を選択すると黄色の線が引かれる。このとき、実際の勤務時間が赤枠で囲まれる。予定されていたシフトは緑帯で表示されているので、違いは歴然となる。

このシステムのおかげで、勤務シフト表や残業申請などの一元管理が可能になった。残業代や早朝手当など36協定を超えた変動人件費をいち早く把握できるようになったほか、働き方改革の推進の面でも効果をもたらしている。

コロナ自粛で進んだ「働き方の健全化」

本書を執筆中の2021年5月現在は、新型コロナ感染拡大防止のため営業時間を短縮する商業施設が増えている。2018年以降、推進されてきた働き方改革が一気に進むことになったが、東信水産は「Fish Schedule」のおかげで勤怠管理がスムーズにできており、対応にさほどの困難はない。営業時間が短縮したことで従業員満足度は向上した。同時に余剰な残業コストも減っている。

一見、矛盾する現象のようだが、コロナ禍において、かえって人の働き方が健全化した部分もあるのだ。現場も「Fish Order」で売上高を確認し、「Fish Schedule」で残業代などの変動人件費を見てＰＬを読むなど、「Fish シリーズ」をうまく使いこなして健全な店舗運営をしてくれた。

「Fish シリーズ」は今も進化中だ。将来的には２つを連動させ、日々ＰＬを見える化できるようシステムを整えるつもりだ。

当社では90年代に勘定会計ソフトを導入したことで、システム環境が改善された。だが、その後30年間にわたりシステムは放置され、改善も進化もしなかった。「Fish シリーズ」でまたイノベーションが起きたわけだが、今後も蓄積された情報を用いて、迅速に問題解決を行っていきたい。

どんなに優れたシステムも、放置すればたちどころにさびついてしまう。企業のシステムは導入することが目的ではない。１８８２年に着工し、現在もまだ建設が続いているスペインのサグラダ・ファミリアのごとく、同じようにトライアンドエラーを繰り返しつつ補修し、進化させていかなければならない。大切なのは投資力ではなく、運用側の知恵なのである。

ＩＴ化、ＩＣＴ、クラウド、ＡＩ、ＤＸと進化を続けるデジタルの世界。コンピュータはあくまで計算機にすぎず、新しい方程式とアルゴリズムを覚えさせるのはあくまで人の頭、知恵である。今回の開発を通じて人間ができる仕事の素晴らしさを、あらためて知ることができたように思う。

魚屋の秘密基地 東信館

東京の刺身の世界観を変えたい

「厨房のある売り場でしか刺身を提供できないようであれば、魚屋の将来はない」と思ったのが東信館を設立するきっかけだった。

水揚げしたばかりの新鮮なお刺身を一口ずつ楽しめる豪華な一皿を工場で作ったらどうだろう。たとえばおひとり様向けの「個食6点盛り」、アワビ、ミル貝、中トロ、ヒラメ、マダイ、甘エビ。ストアが狭小化し、刺身を作れる厨房のない東京の店舗で販売したら、都会の人々は喜ぶだろう。刺身で店頭をにぎやかにしたい、東京で暮らす人々の食生活を豊かにしたい、という想いがふくらんだ。

先述の通り、東信館は2018年6月に開設された。刺身コンテストを行うなど従業員教育の場として、寿司や総菜、切り身、そして刺身の加工を集約するプロセスセンター（加工場）として運営されている。

「東京の刺身の世界観を変える工場にしたい」という願いは今や現実のものとなった。これまで都会の鮮魚店ではあまり目にすることのなかっためずらしい刺身、獲れたてピチピチの刺身が次々にここから生まれ、トラックに載って首都圏の各店舗へと旅立っている。

刺身工場だから計画生産できる

6章で述べたとおり、一般にプロセスセンターでは単品の寿司ネタや切り落としを作ることはできても、つま盛りした刺身や盛り合わせはなかなか作れない。品質管理のプロは原料が交差することを嫌うからである。

また、魚屋のバックヤードで多品種の刺身用丸魚やフィーレを在庫するのは難しい。とくに、需要の大きくない高価な商品ほどハードルは高いといえる。

たとえばアワビを仕入れ、5パック分の刺身が作れたとする。しかし、実際に売れるのはせいぜい2パックといったところだろう。残りは値引きするか、廃棄するしかない。結局単価が上がり、売れ残ることになる。

単身者が増える時代、多品種の刺身を少量ずつ入れる「個食」パックは育て筋の商品だが、作れと経営サイドから言われても現場が二の足を踏むのは、在庫管理が困難だからだ。

だが、東信館では「上物」とよばれる高級魚を含め、さまざまな魚種を扱っている。自社店舗や契約先のスーパーマーケットなど首都圏26店（2021年2月現在）の外部店舗から受注しており、まとめて仕入れ・加工できるからだ。たとえば活きたアワビを仕入れ、生け簀で保管する、といったことも可能だ。

また、ふつう鮮魚小売店では、魚を仕入れてから1尾1尾を切り身やサク、刺身といった商品に作っていくが、東信館は各店舗からの受注量や内容に合わせて仕入れを行い、計画生産している。だから、冷蔵庫の中身はつねに入れ替わっており、保存しっぱなしのものがない。つまり、効率的に鮮度維持できる。

しかも、「仕入れありき」ではなく、「注文ありき」が前提だから、どんな魚をどのくらいに切り、何枚盛るかなど、店舗の要望に応じてカスタマイズできる。盛り合わせに入れる魚種の組み合わせも自由自在だ。

仕入れできる魚種や加工法などから計算すると、なんと可能な組み合わせは約1万5000パターン。たとえば「中トロ、マダイ、サーモン」「中トロ、マダイ、ソデイカ」「中トロ、マダイ、カンパチ」をそれぞれ1パックずつ作る、といった少量の注文にも応えている。

手前みそになってしまうが、見た目の美しさにも徹底的にこだわる。扇状に切った刺身はきれいに角が立ち、大きさもそろっている。目線の集中しやすい左上に色映えのする甘エビやサーモンを配置するなど紅白の調和を考えて盛り合わせており、ベテランも納得する出来ばえだ。

調理加工スタッフは最初は初心者であっても、東信館に入って3週間程度で基本的な魚の切り方を覚える。3カ月で商品をつくれるようになり、1年も経てば店舗スタッフ以上の高度な技能者に成長する。ベテラン教師が付き添い、手取り足取り指導しているから当然といえば当然だ。店舗スタッフのように他業務に気を取られることもなく、思い切り調理加工に集中できることも幸いしているのだろう。

世界中の工場の〝いいとこ取り〟を実現

品質管理の面でも、東信館は「世界中の工場の〝いいとこ取り〟をしている」といえる。総合商社で品質管理に携わっていた者が入社し、設立の中心メンバーとしてかかわってくれた。国内外のありとあらゆる食品工場を見て歩いた彼自身の経験を活かし、ゼロからこの工場をつくりあげた。おかげで細部まで配慮とこだわり、アイデアが詰まった工場になった。企業秘密をここで語るわけにはいかないので、以下よりごく一部を紹介しよう。

加工場内は加熱用の切り身などを扱う準衛生エリア、刺身や寿司など生食用を扱う衛生エリアにゾーニングされ、各ゾーンは動線にもとづいて合理的に設計されている。床の色、廊下の色が分かれているだけでなく、はさみなどの備品類も加熱用、刺身用とで色を分けている。

館内に足を踏み入れると誰もが気づくことだが、**365日稼働しているにもかかわらず工場内に魚の臭いはまったくしない。**２０１８年６月の稼働開始から、加工エリアはどこでも次亜塩素酸**ナトリウムを主成分とする弱アルカリ性の除菌水「電解次亜水」**でシャワー、清掃できるようにしたため、しっかり制菌できているからだろう。なお電解次亜水は５０ＰＰＭに設定されており、つねに濃度をチェックしているほか、リトマス試験紙で確認するというダブルチェックも行っている。８章で詳しく述べるＨＡＣＣＰの「化学的危害の重要管理点」に留意した。

完成した商品はすべて金属探知機にかけている。もし金属が混入していればブザーが鳴り、ストップがかかる。同じくＨＡＣＣＰの「物理的危害の重要管理点」に基づくチェックだ。

金属探知機は正しく作動しているかどうか必ず確認してから出荷工程に入ることをルールづけている。刺身を金属探知機にかける同業者はほかになかなかないのではないか。なお、余談だが、東信館では砂抜きのためアサリを金属探知機にかけている。砂抜きが不十分だと、砂に含まれる砂鉄が反応するのでブザーが鳴る。その都度、ピックアップし、再度砂抜きをしているというわけだ。

刺身と一緒に情報が回っていく仕組み

東信館には7章で詳しく述べたFish Orderシステムが導入されている。「受注データ」「値付けデータ」「検品データ」の3つの情報が一元化されており、大量かつ、さまざまな商品をムダなく生産・出荷できる。

データは工程順に各作業現場のタブレット画面を移動していく仕組みで、工程が終わればその都度、画面から消えるようになっている。

モノと一緒に情報を回せば、作り終えたはずの刺身を二重に作ったり、作ってもいない商品のラベルを発行したりせずにすむ。また、何かトラブルが起きたとき、どの工程で起こったのかあとからトレースできる。何度も何度も失敗を重ね、トライアンドエラーを繰り返した結果、今のシステムが誕生した。

また、完成した商品のラベルにはすべて販売コードを印字しており、POS分析できるようになっている。

一般的に、従来の魚屋はPOSデータに疎かった。というより、POSデータの恩恵をほぼ受けていないのだ。なぜなら、加工を店舗で行っているからである。

魚1尾から作り出される商品はさまざまである。また、先述のとおり刺身の盛り合わせの、組み合わせパターンは膨大だ。よって、原料納品され、店舗における加工工程が入れば、仕入コードと販売コードを突き合わせできるわけがないのである（もし、突き合わせできるとしたら、商品を絞り切った店だけだろう。これがお客様のための品ぞろえかは不明）。しかし、東信館で加工した商品はパック1つから注文できるうえ、販売コードが印字されているため、どの刺身の組み合わせがお客様から評価されているか分析できる。

今まで活用できなかったデータを活用できるようになれば、魚屋の戦術もより高度になる。21世紀のお客様が望む、21世紀の魚屋にやっとなれるようになるのだ。

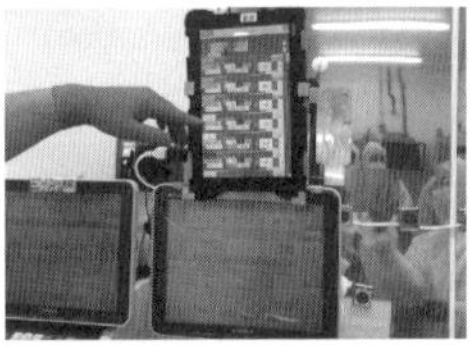

Ⓐ刺身用加工データ
その日、作る商品のデータが表示される。作業が終わり、ボタンをタップするとデータは画面から消え、次の工程のタブレットに。作業工程を飛ばすと、データは次の工程に移動しない。

Ⓑ刺身作り
刺身には蛸引き包丁を用いる。反りがなく刃渡りが長いため、大量の刺身を速く引ける。衛生面を考慮し、持ち手まで一枚のステンレス製のものを使用。

Ⓒ金属探知機
商品はすべて金属探知機にかけてから、出荷工程に入る。金属片が混入していればブザーが鳴り、作業ストップがかかる。

Ⓓラベル印刷
刺身加工場のデータはラベルプリンター制御タブレットへ移動。作業員は製造データと発注データを突き合わせ、ボタンをタップ。値付けシール、商品表示ラベルが印刷される。

Ⓔ検品
値付けシールが発行されると、データは検品員のタブレットへ。商品のシールとデータ内容を突き合わせて確認。シールに印刷された個別認識用の販売コードも読み取り、内容をチェック。

Ⓕ下駄箱の整理
下駄箱は棒が並んだだけのシンプルなラック型。長靴をさかさまにして棒にさしておけば、靴底の付着物などが発見できる。

東信館での刺身製品づくりの流れ

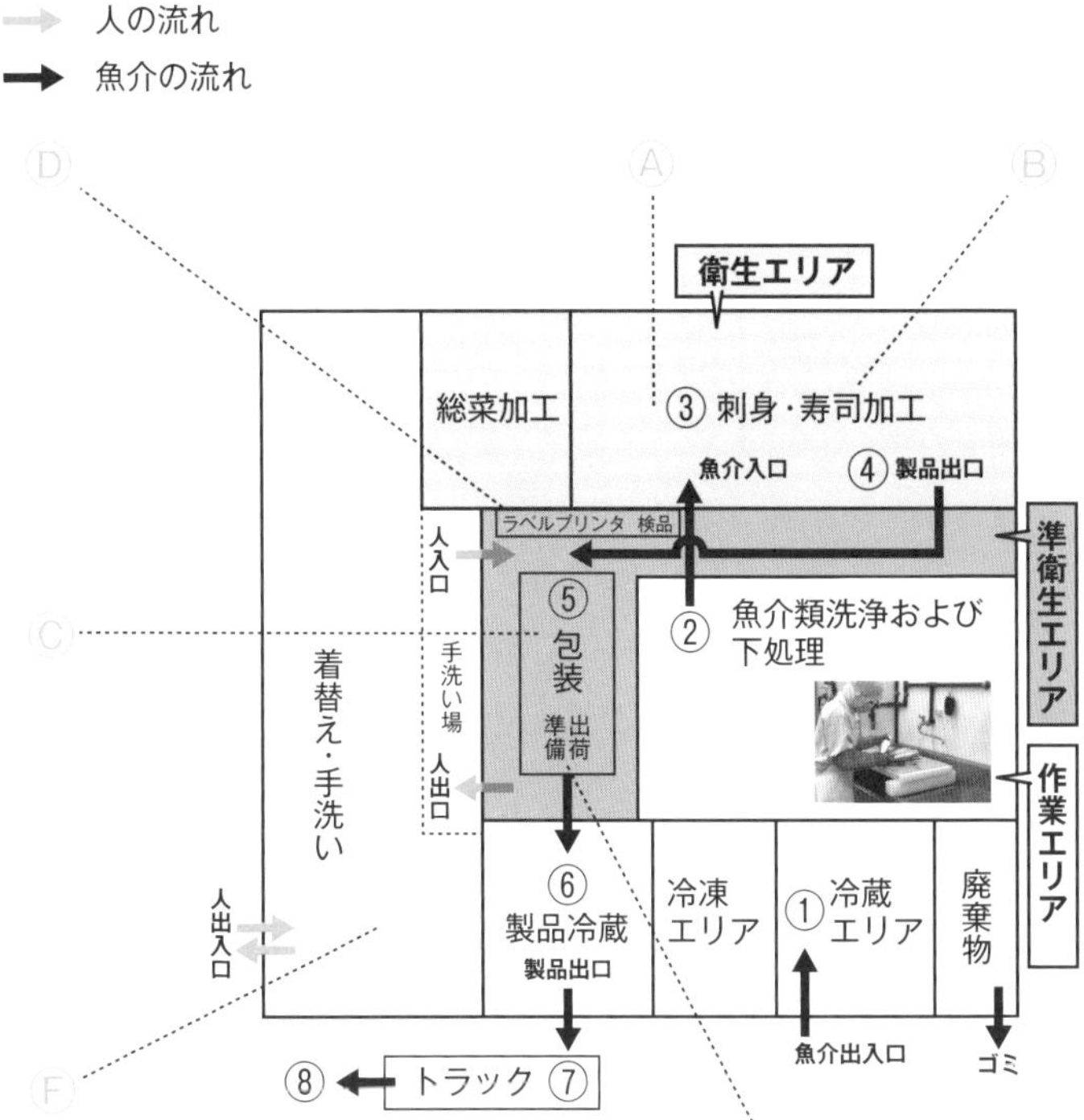

東信水産全店舗における、東信館製品導入前後の変化
（左・導入前：2019年11月／右・導入後：2020年1月）

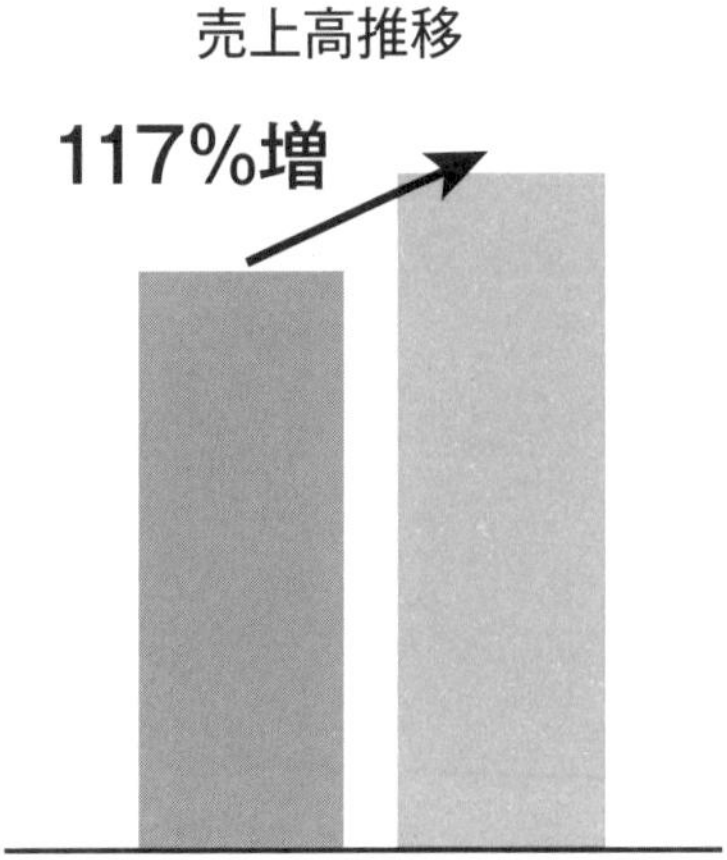

・売上高 117%改善
・荒利率 5.7%改善
・人件費 12.9%減少
・営業利益大幅改善

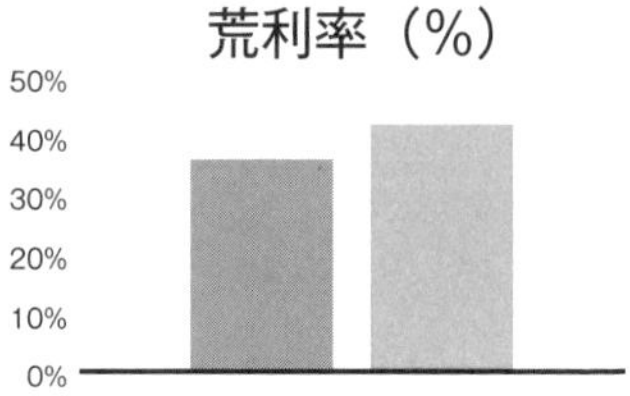

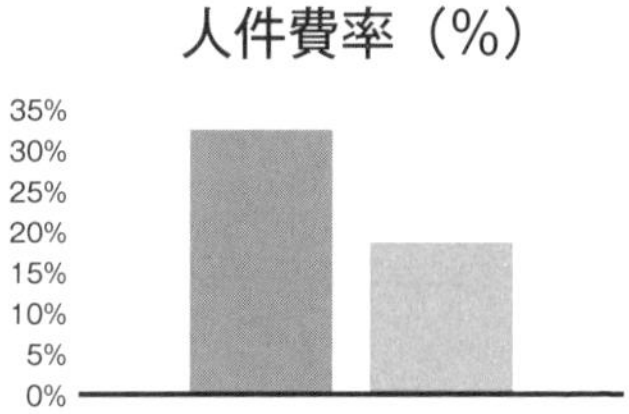

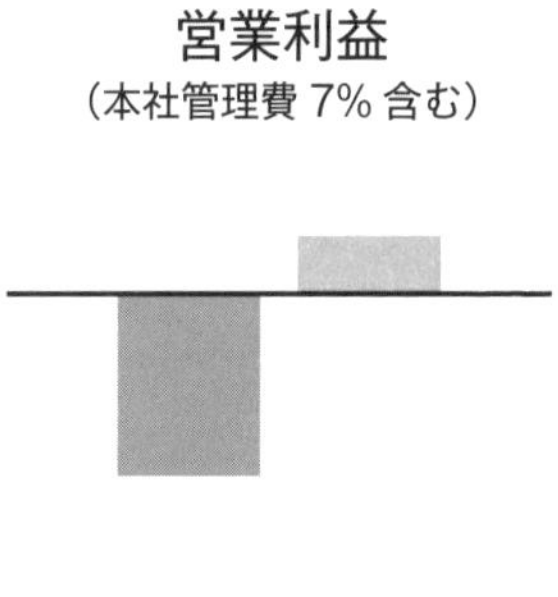

第8章

HACCPを知る

宇宙食から開発された「安全」の作り方

ＨＡＣＣＰ制度化の背景

２０２０年６月、１年間の猶予つきで原則としてすべての食品等事業者に導入が義務づけられたＨＡＣＣＰ（ハサップ）。Hazard Analysis Critical Control Pointの５つの頭文字をとってこう呼ばれる。直訳すれば「危害分析重要管理点」だ。

ＨＡＣＣＰとは健康被害発生を防止する食品衛生管理の手法である。原料の仕入れから販売にいたるすべての工程における危害要因を分析し、特に厳重な管理が必要な工程を特定、継続的に監視・記録する仕組みだ。

国連食糧農業機関（ＦＡＯ）と世界保健機関（ＷＨＯ）の合同機関、食品規格委員会（ＣＯＤＥＸ）から発表され、各国にその採用が推奨されている。欧米や韓国、台湾などでは１９９０～２０１０年代にかけて導入が広がった。日本では１９９５年、ＨＡＣＣＰによる管理「総合衛生管理製造過程の承認制度（通称：マル総）」が製造業などを対象にスタートしている。さらに２０１８年、食品衛生法の改正により、食品の製造、販売にかかわるすべての事業者を対象に制度化した。

食品の安全にかかわる法律は、以前からほかにもいろいろあった。食品衛生法、JAS法（農林物資の規格化及び品質表示の適正化に関する法律）などだ。それぞれ表示ルールが違うなどわかりづらかったため、2015年、複数の法律を統合した食品表示法が施行されるという経緯もあった。

しかし、各法律で管轄が異なり（食品衛生法：厚生労働省・消費者庁、JAS法：農林水産省、食品表示法：消費者庁）、「縦割り行政では食品の安全を守るのは難しい」という声もあった。さらに、広域な食中毒の予防や、輸出の促進、東京オリンピック・パラリンピックといった時代の要請もあり、HACCPの本格導入が求められるようになったのである。

NASAの宇宙食開発から生まれたHACCP

HACCPは、1960年代に有人宇宙飛行計画「アポロ計画」を進めていたアメリカのNASAが開発した手法だ。もしも、宇宙飛行士が宇宙ロケットや宇宙ステーションで食中毒になったら医療が受けられず、最悪の場合、死亡する危険もある。そこで、安全な宇宙食づくりのために考え出されたのがＨＡＣＣＰだったのだ。

今のようにＨＡＣＣＰが広まる前は、ピッキングによる製品検査（抜取検査）が主流だった。わかりやすくいえば１万個の卵を出荷する場合、１万個のうち１個を割って検査してみて、もし問題がなければ「すべて安全」とみなす方法である。だが、割った卵に問題がなかったとしても、残りの９９９９個は果たして本当に安全といえるだろうか？

そこでＨＡＣＣＰでは、「そもそもその製品の何が危険なのか？」という危害の本質に着目し、食品衛生管理を行う。たとえば卵には、親鶏の体内にあった細菌などが殻に付着している可能性がある。だが、卵の生産工場が洗浄液の濃度を一定程度に保っていれば、殻に付着した細菌は取り除くことができる。**このように「重要管理点を守ることで安全性を保つ」という考え方がＨＡＣＣＰの基本となる。**

具体的には２１９ページの図のように、７原則12手順で進めていく。

ただし、事業所の規模などにより２つの衛生管理の基準が定められている。ひとつは、大規模な事業者などが対象となる「ＨＡＣＣＰに基づく衛生管理」（旧基準Ａ）。

ＨＡＣＣＰの７原則１２手順

手順１	ＨＡＣＣＰの チーム編成	製品を作るために必要な情報を集められるよう、各部門から担当者を集める。ＨＡＣＣＰに関する専門的な知識を持った人がいない場合は、外部の専門家を招いたり、専門書を参考にしてもよい。
手順２	製品説明書の作成	製品の安全について特徴を示すもの。 原材料や特性等をまとめておくと、危害要因分析の基礎資料となる。レシピや仕様書等、内容が十分あれば様式は問わない。
手順３	意図する用途及び対象となる消費者の確認	用途は製品の使用方法（加熱の有無など）を、対象は製品を提供する消費者を確認する（製品説明書の中に盛り込んでおくとわかりやすい）。
手順４	製造工程一覧図の作成	受入から製品の出荷もしくは食事提供までの流れを工程ごとに書き出す。
手順５	製造工程一覧図の現場確認	製造工程図ができたら、現場での人の動き、モノの動きを確認して必要に応じて工程図を修正する。
手順６ 【原則１】	危害要因分析の実施（ハザード）	工程ごとに原材料由来や工程中に発生しうる危害要因を列挙し、管理手段を挙げていく。
手順７ 【原則２】	重要管理点（CCP）の決定	危害要因を除去・低減すべき特に重要な工程を決定する（加熱殺菌、金属探知など）。
手順８ 【原則３】	管理基準（CL）の設定	危害要因分析で特定した CCP を適切に管理するための基準を設定する。 （温度、時間、速度など）
手順９ 【原則４】	モニタリング方法の設定	CCP が正しく管理されているかを適切な頻度で確認し、記録する。
手順 10 【原則５】	改善措置の設定	モニタリングの結果、CL が逸脱していた時に講ずべき措置を設定する。
手順 11 【原則６】	検証方法の設定	ＨＡＣＣＰプランに従って管理が行われているか、修正が必要かどうか検討する。
手順 12 【原則７】	記録と保存方法の設定	記録はＨＡＣＣＰを実施した証拠であると同時に、問題が生じた際には工程ごとに管理状況をさかのぼり、原因追及の助けとなる。

出典：公益社団法人日本食品衛生協会 HP

もうひとつは小規模な営業者が対象となる「ＨＡＣＣＰの考え方を取り入れた衛生管理」（旧基準Ｂ）だ。

ＨＡＣＣＰに基づく衛生管理（旧基準Ａ）
ＨＡＣＣＰのガイドラインで示された「7原則12手順」による衛生管理を行う。
ＨＡＣＣＰの考え方を取り入れた衛生管理（旧基準Ｂ）
一般衛生管理を中心とし、ＨＡＣＣＰの考え方に基づいて可能な範囲で重要管理点を設定し、衛生管理を行う。

では、具体的に魚屋はどのようにＨＡＣＣＰを進めればいいのだろうか。以下、「小規模な水産物小売業」向けの手引書を参照してみよう。

1．取り扱い製品について知る

仕入れから保管方法、加工方法、販売方法、喫食方法や消費者情報（年齢などを考慮）など、取り扱っている製品の説明書を作成します。

2. 食品に悪影響を及ぼす原因を特定する

仕入れから加工、販売までの製品の取り扱いの工程のなかで、消費者への健康被害を想定しながら、食中毒菌に汚染されたり、異物が混入してしまう原因となるような工程を探します。

3. 食品に悪影響を及ぼす原因の予防方法を決める

「2.」で見つけた、食品に悪影響を及ぼす原因を予防する方法を決めます。

4. 予防に必要なルールを作る

「3.」で決めた予防に必要なルールを作ります。作ったルールが守られているかを確認する方法を決めます。ルールが守れていない場合の対応を決めておきます。

5. ルールを実践する

「4.」で作ったルールを実践して、必要な場合は記録を残します。

6. ルールの見直しを行う

仕入れ方法や加工工程等、製品に関わる変更があった場合には必要に応じて見直しを行います。

（「スーパーマーケットにおけるHACCPの考え方を取り入れた衛生管理のため

の手引書　鮮魚部門」より）

実施することは3つ。「衛生管理計画の作成」「できた計画を実行」「記録・保管」である。

3つの危害要因

原則1の「危害要因」には3つの種類がある。

1つは「物理的危害」。ガラス、金属、砂・石、プラスチック、人体を傷つけない異物が混入していないか。ホチキスの針やネジの混入なども含まれる。

2つめは「化学的危害」。魚やキノコなどがもつ自然毒がないか、薬品、洗浄液、農薬が混入、残留していないか、濃度は適切か。「水道水と洗浄液を誤って提供してしまった」「薬品などの容器を間違えてしまった」といったケースは典型例だろう。

3つめは「生物的危害」。病原細菌、腐敗微生物、ウイルス、病原菌、病原微生物が付着していないかだ。例としては、手洗いが不十分でノロウイルスによる感染

主な物理的・化学的・生物的危害要因の例

物理的危害要因

●硬質異物
金属片　ガラス片　プラスチック片
小石　貝殻　骨など

化学的危害要因

●自然毒
ヒスタミン　フグ毒　キノコ毒　貝毒　ソラニンなど
●薬剤
洗剤　殺虫剤　機械油など
●残留農薬
●アレルギー物質

生物的危害要因（病原微生物）

●細菌
カンピロバクター・ジェジュニ／コリ
サルモネラ属菌　黄色ブドウ球菌　ウエルシュ菌　セレウス菌　他
●ウイルス
ノロウイルス　他
●寄生虫
アニサキス　トキソプラズマ　クドア・セプテンプンクタータ　他

症が起きた場合や、ヒラメに寄生する寄生虫、クドア・セプテンプンクタータの食中毒発症などがある。

とはいっても、実際の食品加工の現場では、3つのうちどの危害要因とみなすべきか判然としないシーンに遭遇することがしばしばある。詳細な解説は専門書に譲るとして、ここではいくつかの例をクイズとして取り上げてみたい。

Q．異物混入のクレームの2大要因は「髪の毛」と「虫の死骸」。生物的危害要因となるのはどちらだろう？

A．基本的にはどちらも危害要因ではない。

基本的には髪の毛と虫は行政指導の対象とはならない。ただし髪の毛、とくに毛根に付着した黄色ブドウ球菌が生物的危害になる可能性はある。虫もH_2O_2（過酸化水素）により気泡が出るカタラーゼ反応があれば、生物的危害要因と考えられる。たとえ虫自体が死んでいたとしても、虫に付着した細菌が生きている可能性もある。

また、もしこれらが混入していれば、消費者や納入先などの信頼は確実に失ってしまうだろう。キャップ・ユニフォームの着用、粘着ローラーによる全身のゴミ除去、扉や遮断装置の整備といった対策が不可欠だ。

Q. フグ毒は生物的危害だろうか、それとも化学的危害だろうか?

A. 基本的に化学的危害。

フグ中毒の原因物質であるフグ毒はテトロドトキシンという猛毒だ。その毒性は青酸カリの1000倍以上ともいわれる強さである。肝臓や卵巣などの内臓、種類によっては皮、筋肉にも含まれており、通常の加熱では壊れない。複数の細菌から産生されている毒素であり、化学物質による危害とされている。なお、現在は「ふぐ販売営業取締条例」によって、営利目的のフグ調理は免許制となっている。

Q. ヒスタミンによる食中毒は、化学的危害だろうか、それとも生物的危害だろうか?

A. 魚がもつ自然毒なので化学的危害。

ヒスタミン中毒では、食べた直後から1時間以内に、口の周りなど顔面や耳たぶが紅潮し、頭痛、じんましん、発熱などが起こる。原因はマグロ、ブリ、サンマ、サバ、イワシなどアミノ酸が豊富な魚に含まれるヒスチジン。細菌の酵素の働きでヒスタミンとなると、中毒症状を引き起こす。加熱などでは除去できないので、魚の鮮度に注意し、低温で保管、加工しなければならない。

なぜモニタリングが必要なのか?

冒頭で説明したとおり、HACCPではまず危害要因を分析したうえで、重要管理点(CCP)を特定する。さらに管理基準(CL)どおり管理されているかどうかつねにモニターし、記録をつけて保管しなければならない。

このとき理解しておきたいのは「モニタリングする意味」だ。新型コロナの感染拡大により、出勤時に体温を測ることが勤務先でルールづけられたとしよう。37度以上であれば出勤はできない規則だ。では36・9度ならOKなのだろうか?「あれ?平熱は36・2度なのにおかしいぞ。今日は出勤をやめよう」と考えるのが普通だ。

「37度未満なのでそのまま出勤しました」では体温測定する意味がなくなってしまう。モニタリングすればいい、記録すればいい、というものではないのだ。

つまりひとつひとつの原則、手順について知るだけではなく、「なぜ必要なのか」をわかっていなければ、HACCPは役に立たないどころかトラブルの原因になりかねない。

安全＋信頼＝安心

さらにいえば、「そもそもなぜHACCPが必要なのか」を、食品の製造・加工、販売に携わる私たち一人ひとりが、きちんと理解しておくべきではないだろうか。

HACCPが何のためにあるかを一言でいうなら、「お客様に〝安全〟な食品を〝安心〟して食べていただくため」ということになる。

では、「安全」と「安心」とはどう違うのだろう。

「安全」とはルールを守ることで生まれる。サッカーをしているとき、げんこで敵を殴ることはルール上、絶対に許されない。平手打ちももちろん禁止だ。つまり、ルールを守ることで初めて安全にスポーツができるわけだ。

一方、「安心」は「心」という字がついていることからもわかるように、感情の問題だ。日本の旅館では朝食に生卵が出てくることがあるが、もし海外旅行中にホテルで生卵が出てきたらどうだろう。「この卵、大丈夫かな」と不安に思うのではないだろうか。人によっては食べないかもしれない。なぜか？　その国（あるいは滞在するホテル）の卵の品質を信頼できないからだ。

つまり、

安全＝機能の話
安心＝情緒の話

ということだ。これらは同じ次元で語られることが多いが、じつはまったくの別物なのである。そして、**信頼は、「常に安全なものを提供し続けているという実績」と「その繰り返し」から生まれる。「安全＋信頼＝安心」なのだ。**

５Ｓと食品７Ｓ

安全のため、製造現場をはじめとする職場で行われるのが、「５Ｓ活動」だ。５Ｓとは職場の管理の基盤づくりの活動で、「整理」「整頓」「清掃」「清潔」「習慣づけ」の頭文字のＳから「５Ｓ」と呼ばれるようになった。

整理と整頓がどう違うのかわかりにくいかもしれないが、整理とは不必要なものを捨てること、整頓は必要なものをいつも同じ場所に置くことだ。ということは、整理されていない限り整頓はないことになる。そのうえで清掃してつねにきれいな状態を保ち、清潔を保っていく。すべてできたらこれらを習慣づける。

要するに、５Ｓは順に行っていくべきなのである。

なお、食品製造工場では「食品７Ｓ」といい、５Ｓに加え「洗浄」「殺菌」を行っている。「洗浄」は化学的危害要因を取り除く工程だ。まず、水溶性の毒素物質を水で洗い流し、洗い流せないものがあれば界面活性剤、あるいは有機溶剤で除去する。「殺菌」は薬品や熱で微生物を死滅させるとともに、温度管理により増殖させせないようにすることを指す。

細菌は20～40度の温度領域ではあっというまに増殖する。また、水分や栄養の状態、pHの程度によって生育しやすくなる。細菌が増殖しない環境整備、つまり5Sの徹底が次の2Sの大前提なのである。

食品7Sは、食中毒を防ぐための3原則、ウイルスや細菌を「つけない・持ち込まない」「増やさない」「やっつける」を網羅する手法といえる。

＋2SはHACCPの化学的危害、生物的危害と考え方はリンクする。「HACCPの制度化」というと聞こえは新しいが、以前から食品業界にある食品7Sをしっかり把握していれば、HACCPの考え方もシンプルに理解できるだろう。

それでも起こる？ 工場の「あるある」とは

ところが実際の食品加工工場の現場では、次のような場面がよく見られる。

・段ボールに書類などを入れている

中に何があるかわかりにくい。整理されていない状態。

・**事務室のハンガーに作業白衣がかかっている**

埃や髪の毛、汚れが付着するかもしれない。衛生服はロッカーに収納すべき。

・**ロッカーの前にオフィス家具が置かれ、開かずの扉がある**

中に何が入っているかわからない。虫やカビの巣窟になっているかも。

・**未使用の粘着ローラーがある**

一応置いてあるものの、ふだん使われていない？

・**厨房の流しの上に殺虫機が設置されている**

殺された虫が食品に混入する恐れがある。

・**搬入口のシャッターが開きっぱなし**

虫や動物などが工場内に侵入する恐れがある。

・**ネジが抜けっぱなしの器具がある**

ネジがどこかに紛れ込み、最終的に食品に混入する恐れがある。ネジが抜けているのを発見した場合は、油性マジックで○で囲み、「●年●月●日紛失」と書き込むべき。もちろん、器具の故障で事故が起こる可能性もある。

・**キャップ付きボールペンを使っている**

キャップが抜けると危険。ネジと同様、食品に紛れ込む危険もある。

・刃の折れるカッター、ホチキスを使っている

危険！　カッターの刃やホチキスの芯が折れて食品に入るかもしれない！

ＨＡＣＣＰの重要性を理解していないと、「あるある」はいくらでも起こりうる。現場で働くスタッフ全員がＨＡＣＣＰについてきちんと教育を受けるべきだろう。「キャップ付きボールペンの持ち込みは禁止ですよ」と言われても、理由がわからなければ「つい」「うっかり」はなくならない。また、人の見ていないところでは誰しも怠慢になるものだ。

魚屋は日々、そしてひとつひとつ、「安全」な製品を提供し続けていかなければならない。その積み重ねが「信頼」につながり、「信頼」を重ねることによって「安心」が生まれる。先述の通りだ。

本当のブランディングとはテレビコマーシャルに投資することではなく、けっしてお客様を裏切らないこと、「安全＋信頼＝安心」を実現することだと思う。

発見が難しいアニサキスの幼虫

水産物における食中毒の原因は多いが、ほとんどは一般的な衛生管理によって予防可能だ。日々の健康状態の管理、手洗い、5S（食品7S）を励行することで防げる。しかし、ここにきて大きな問題となっているのが今、巷を賑わしている寄生虫アニサキスの幼虫である。

アニサキスの卵は海水中で孵化し、オキアミ、すなわち甲殻類プランクトン（第一中間宿主）に食べられるなどしたのち、食物連鎖を通じてさまざまな魚に寄生、終宿主となる水生哺乳類の胃や腸管に生きたまま入って成虫となるといわれている。幼虫が寄生する魚（第二中間宿主）を人が食べると、好酸球性の肉芽腫や炎症を引き起こすとされる。

古くから見られた症状だが、以前は原因がよくわかっていなかった。しかし1962年、原因がアニサキスの幼虫によるものであることがわかり、後に「アニサキス症」という病名が用いられるようになった。寿司、刺身など生食好きの日本人はアニサキス症を発症しやすいといえるだろう。

アニサキスを除去するための方法は3章で述べた通りだが、天然魚の場合、加熱、冷凍しない限り100%取り除くことは残念ながら不可能だ。とくに、赤身魚や青魚の筋肉中に1ミリ以上深く侵入しているアニサキスを発見することは難しい。

東信水産では冷凍魚、養殖魚の販売に力を入れ、アニサキス症の予防に努めてきた。また、ブラックライトを照射するアニサキス発見機も導入している。「下ろし時」「切り身製造時」「刺身製造時」「パック時」「品出し時」「お買い場（販売時）」の各段階でアニサキスがいないか何度もチェックを重ね、発見した場合は賞金を出す制度も設けている。

従業員の報告によれば、加熱・生食両用の魚でもっともアニサキスが多く発見されたのは、生ダラで、2位が秋鮭、3位がブアダラとなった。生食用の魚では、1位がスルメイカ、2位がマアジ、3位が天然ヒラメである。

アニサキスといえば、サバやアジ、サンマ、カツオ、イワシなどの青魚のほか、サケ、イカに多いことが一般に知られているが、タラ、ヒラメなどもまた要注意だ。

水産物の食中毒

水産物の食中毒は多種にわたる。原因菌や細菌の産出する化学物質、魚そのものの代謝により産出される物質、ウイルス、寄生虫によるものなどさまざまだ。そのすべてをまとめることはできないが、鮮魚に関連する主なものをここで紹介しよう。

◆原因菌（細菌）

・腸炎ビブリオ

感染経路：魚介類、輸入魚介類、魚介類から二次汚染された食品
潜伏期間：8～24時間
症状：腹痛（上腹部）、下痢（水様性）、吐き気、嘔吐、発熱（37～38度）
対策：冷蔵保存、温度管理、食塩濃度管理、魚介類は水道水でよく洗う

・黄色ブドウ球菌

感染経路：人や動物の皮膚、鼻腔、髪の毛、咽頭、腸管、化膿巣
潜伏期間：1～5時間（平均3時間）
症状：吐き気、嘔吐、腹痛、下痢

対策：手洗いの徹底や合成樹脂手袋の使用、温度管理（菌は死んでも毒素は残るため、よく加熱）

・サルモネラ

感染経路：人、鳥、動物の糞、食肉、食鳥肉、自然界、卵、獣畜のほか、カメ、スッポン、養殖魚からも検出された例がある

潜伏期間：8～72時間

症状：下痢（水様性時に粘血）、腹痛（主に下腹部）、発熱（38～40度）、悪寒、頭痛、嘔吐、脱力感、倦怠感、死亡（高齢者、小児の場合はとくに注意）

対策：手洗い、保存期間の短縮、温度管理（10度以下）

◆化学物質（食物由来の毒、代謝物）

・ヒスタミン

感染経路：赤身魚（マグロ、イワシ、ブリ、サンマ、サバ）、その他加工品摂取

潜伏期間：直後～1時間

症状：顔面紅潮、じんましん、嘔吐、舌の痺れ、動悸、頭痛

対策：温度管理の徹底（生成温度は17度、急激に菌が増える生成菌至適温度は20度で、春から初夏が最適温度なので注意）、鮮度管理（目視、臭いによる鮮度確認）、再凍結しない

・フグ毒（自然毒）

感染経路：素人調理による有毒部位の摂食（テトロドトキシン）

発症時間：直後～2時間

症状：口・舌の痺れ、頭痛、嘔吐、四肢の麻痺・運動不能、知覚麻痺、言語障害、呼吸麻痺、死亡

毒量：致死量は10000MU（マウスユニット）／グラムとごく微量

・ワックスエステル（自然毒）

感染経路：バラムツ、アブラソコムツの摂食

発症時間：10～30時間下痢（不消化油状便）

◆ウイルス

・ノロウイルス

感染経路：調理従事者、牡蠣やシジミ、アサリなど二枚貝の生食や加熱不足、汚染された水など、人から人へ感染（糞便中へのウィルス排出期間は症状消失後10日間程度）

潜伏期間：1～2日

症状：吐き気、嘔吐、腹痛、下痢（水様性）、発熱（37～38度）

対策：手洗い、加熱（中心温度85～90度、90秒以上）、アルコールはあまり効果がない

・A型肝炎

感染経路：ウイルスに汚染された食物（野菜、果物、魚介類）、二枚貝（特にHAV汚染地域のもの）、人から人への感染（調理従事者は要注意）

潜伏期間：2～6週間

症状：発熱（38度～）、嘔吐、肝機能障害、全身倦怠感、食欲不振、頸部リンパ節腫張、黄疸

対策：手洗い、予防注射　※急性腎不全の場合は重症

◆寄生虫

・アニサキス

感染経路：アニサキスの寄生した魚介類の生食
潜伏期間：8時間以内
症状：腹痛、吐き気、嘔吐、アレルギー症状
対策：加熱（中心温度70度以上、60度1分間の加熱）、冷凍（マイナス20度、24時間以上）、目視での除去（内臓部分に多い。早めに除去する）

・クドア・セプテンプンクタータ

感染経路：クドア・セプテンプンクタータの寄生したヒラメの生食
症状：下痢、吐き気、嘔吐
対策：加熱（中心温度75度、5分の加熱）、冷凍（マイナス20度、4時間以上）
筋肉1《グラム》あたりのクドア胞子数が1・0×10^6個を超えることが確認された生食用生鮮ヒラメは、食品衛生法第6条に違反

第9章

お客様の真実

魚が嫌いなのではない、ただ困っているだけ

「お客様は困っているのではないか」と感じたのは、毎年、顧客満足度向上のために行っている調査結果を見直していたときだった。

東信水産の各店舗ではお客様の声を拾っており、内容を分析している。年間500件ほどの声をお寄せいただくが、2011年に集計を行ったところ、同年でもっとも多かったのは、接客についてのご意見やクレームではなく、「要望・質問」（31％）だった。このうち最多は、「調理法」「調理時間」についてで、合わせて56％と半数以上を占めた。具体的には、「食べてみたいけれど、調理法がわからないので買いにくい魚がある」「わざわざ三枚におろして調理する時間がない。もっと簡単に調理できるよう下調理した魚を増やしてほしい」といった声が多かった。

「消費者の魚離れが問題になっているが、お客様は魚が嫌いなのではない、ただ困っているだけなのだ」ということが示唆されたのである。

水産物は肉と比べて段違いに商品の種類が多い。東信水産でも全店舗で取り扱う種類を数え上げると、年間で500種類近くになる。また、肉は春夏秋冬と一定の品質が期待できるが、魚介類は天然由来が多く、季節ごとに質も変われば、魚価も大きく変動する。お客様としては、何を選び、どう調理していいかイメージしづらいのだろう。

また、時代が移り、鮮魚の販売形態は大きく変わったが、それ以上にお客様の購買行動や志向、ライフスタイルも変化している。

人々が町の鮮魚小売店で買い物をしていた時代は、調理法は魚屋さんがいくらでも教えてくれた。「今日はサケが安いよ、バターでムニエルにするとうまいよ」「カツオが旬だよ。サクを醤油とお酒とみりんで20分漬けてごらん」といった具合だ。内臓を取り除いてほしい、サクにしてほしいといったオーダーにもその都度、応えられた。一方、お客様も専業主婦が多く、店員とコミュニケーションしながら買い物をし、夕食のしたくに手間をかける時間の余裕があった。

だが、今のスーパーや量販店の販売形態は、パック包装した商品を陳列し、消費者自身の選択に任せる「素材提供型販売」が主流となっている。人員不足から店頭に立つスタッフの数も少ない。お客様からすれば、気軽に声をかけられる雰囲気ではないのかもしれない。実際、「魚加工、承ります」と貼り紙がしてあっても、「じつはあれは社交辞令のようなものなんです」と苦しい厨房の実情を明かす店もある。

お客様にしても、「仕事や育児・家事で忙しいから、さっと買い物をすませたい」「調理時間はなるべく短くすませたい」と考える方が増えているようだ。郊外にある地元密着型の店舗は別だが、ピークタイムが午後5時〜6時となるような都心型の店舗はとくにこの傾向が強いといえる。

昔ながらのカテゴリ分類でいいのか

お客様と魚屋との〝すれ違い〟が大きくなり、魚が買いづらくなってしまった今、昔ながらの陳列方法でいいのかというのが、調査結果を見て最初に抱いた疑問だった。

鮮魚小売店では、第一次展開分類といって刺身、丸物、冷凍物、珍味類、エビ・

カニ、寿司、塩干物など商品をカテゴリごとに分類し、陳列している。しかし、来店されたお客様は「今日は冷凍物を食べよう」「丸物を食べよう」と考えているわけではないから、何を選んでいいかわからず、あちこち迷い歩くことになってしまう。「さっと買い物をすませたいと思っているときにこれでは困る」と鮮魚売り場を立ち去り、精肉売り場へ移ってしまう人もいるだろう。

人員不足の店でも、お客様が迷わずに買い物できるような新しいＭＤ、陳列方法を工夫できないだろうか――。そこで筆者は、２０１２年12月、荻窪総本店である実験を行った。

売り場レイアウトを大幅に変更し、商品を調理時間ゼロのものと、そうでないものとに分けて陳列したのである。手軽に食べられる寿司、総菜などの商品に加え、刺身も入り口付近に配置した。魚になじみの薄いお客様の興味を引き、商品を手にとってもらうためだ。

その他各コーナーの商品も「調理時間」によって区分した。たとえばブリの場合、「０～５分」のコーナーには刺身や寿司を、「５～10分」のコーナーには切り身やぶ

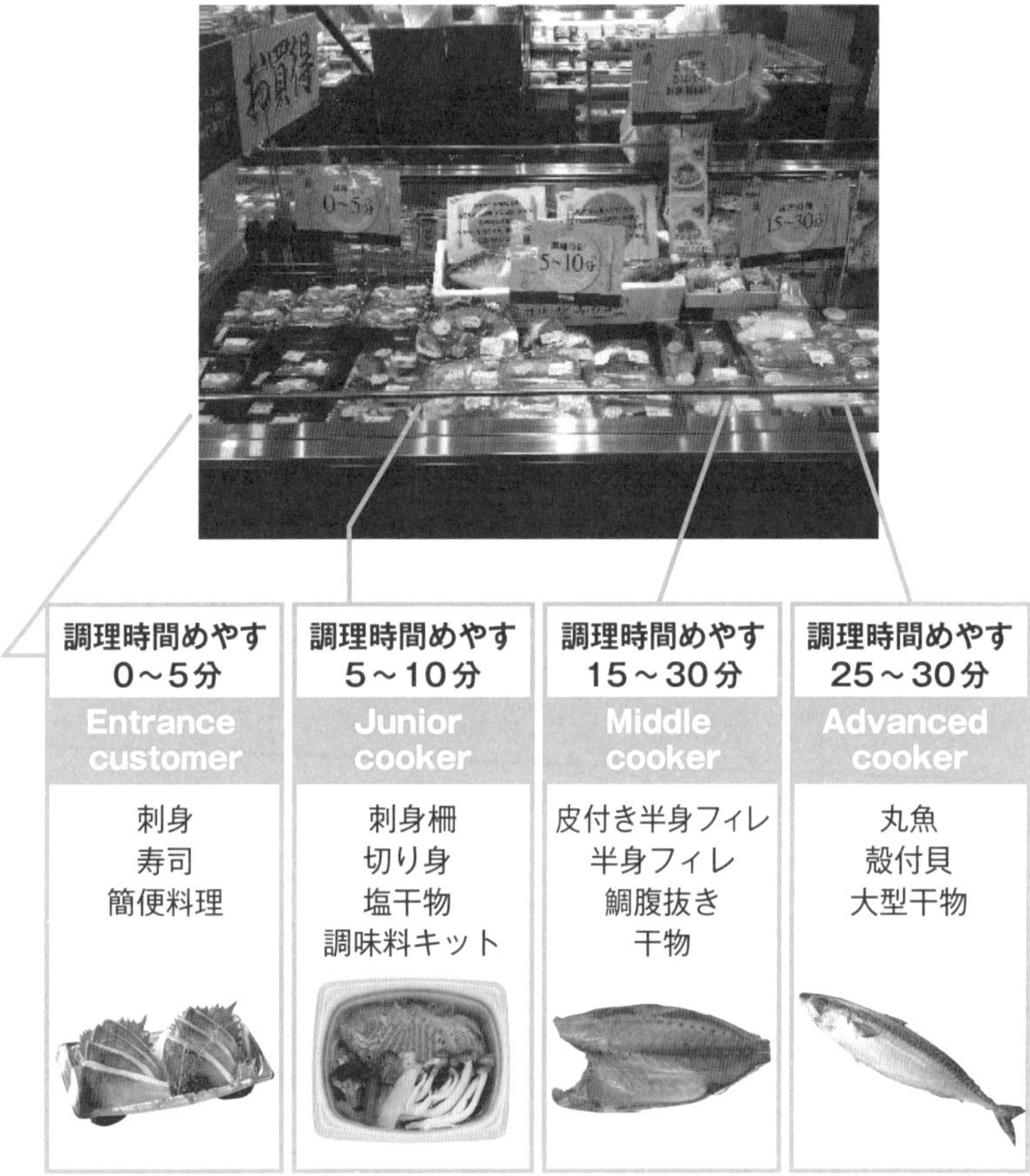
調理時間めやす
0～5分
Entrance customer
刺身
寿司
簡便料理
調理時間めやす
5～10分
Junior cooker
刺身柵
切り身
塩干物
調味料キット
調理時間めやす
15～30分
Middle cooker
皮付き半身フィレ
半身フィレ
鯛腹抜き
干物
調理時間めやす
25～30分
Advanced cooker
丸魚
殻付貝
大型干物

りしゃぶ用商材を、「15〜30分」のコーナーには用途を問わない大型の切り身を置くなどしたのである。

また、切り身はタレや調味料、鍋のタレや具材などとともに置き、セットで購入できるようにした。レシピのＰＯＰも掲示した。

興味深い結果が出た。１日当たりの平均売り上げが従来の３万６２５２円から５万７４４３円と一気に伸びたのだ。検証のため、翌年12月に再び同じ実験を行ったところ、１日当たりの平均売り上げは６万９２０８円から７万３３９９円となった（詳細は「日本食育学会誌」10巻（２０１６）２号に掲載した筆者の論文を参照）。

調理時間別の消費者特性に注目する

あくまで実験としての試みだったが、自分としてはおおいに腹落ちするところがあった。

鮮魚小売の陳列の常識は、お客様にとって果たして利便性が高いと言えるのだろうか。調理時間を多く割けないということは買い物する時間も惜しいということだ。だったら、調理時間が0分の刺身は寿司や総菜と同じコーナーに置いてあったほうがありがたいに決まっている。

人材不足の時代、店員とお客様のコミュニケーションを増やせないならば、お客様が困らないよう売り場を変え、調理法、調理時間の見える化を図るべきなのだ。

「新しい時代のＭＤにおいては従来の商品カテゴリより、調理時間別の消費者特性のほうが重要なのだ」

仮説としての整合性はとれていたが、実験してみて、あらためて確からしいことが示された。

刺身は総菜と一緒に置けばいい

刺身を寿司、総菜などと同じコーナーに置くなどということは、従来ありえないことだ。食品表示法において、食品は「加工食品」と「生鮮食品」とに分かれている。加工食品とは、製造、または加工された食品で、生鮮食品は加工食品及び添加物以外の食品を指す。生鮮食品は品質劣化が速く、貯蔵が難しいとされる（ただし、カット野菜ミックスやバーベキューセットなどのように複数の生鮮食品をカットし、混ぜたものは「異種混合」といって、取り扱いが難しい）。

しかし、お客様目線を考えれば行政の区分より、買い物しやすい分け方をしたほうが親切だろう。買い物しやすい区分とは、おおざっぱにいうと「調理しなくていい食品」と「調理しなければならない食品」の2つである。この理屈でいうと刺身は「調理しなくていい食品」。すなわち、総菜や寿司と同じだ。一方、サクはお客様自身が切らなければならないので、「調理しなければならない食品」ということになる。

だから、サクは従来通り売り場の奥にあっていいが、動線上、刺身と総菜や寿司と異なる商品リレーションをとるという方法も、今後の小売展開ではありうる戦略だ。

ただ刺身、丸物、冷凍物、珍味類、エビ・カニ、寿司、塩干物といった第一次展開分類は、商品構成の最適化や、カテゴリごとの売上向上を図るうえで大切な物差しになる。たとえば売り上げが下がったら、第一次展開分類においてどのカテゴリが下がっているかを見る。前年同月比はどうか、5年、10年の推移はどうかなどと追跡し、そのうえで棚割りやコーナーづくりを見直したりする。さらに細かく、各分類における陳列幅1尺（幅約30センチ）ごとの売り上げ「尺売上」を見れば、増やすべき商品、減らすべき商品は一目瞭然となる。

とはいうものの、少子高齢化の時代、総菜など加工食品のニーズは今後ますます大きくなるだろう。逆に生鮮食品、中でも丸魚の需要は減るはずだ。住宅地に近い地域密着型の店舗は別だが、都心部などではお客様の生活時間に合わせた「調理時間別のレイアウト」が求められるようになるのではないか。

「調理時間ゼロ分の魚屋」の可能性

しかしながら、簡単にMDは変えられない。お客様は行きつけのお店の陳列に対し、「慣れ」をもっている。全店舗の陳列を変更すれば大混乱を招くことは容易に想像できる。したがって、即、大規模導入することはできない。調理別展開分類は小売基盤の大きな変革が成されたあとで検討すべき概念だろう。

特に昔ながらのお馴染みのお客様が多い荻窪総本店のようなお店はレイアウトを変えづらいのが現実だ。ただし、まったく新しい店舗で新しいレイアウトを導入することは可能ではないだろうか。新しい店舗には丸魚は置かない。パック包装した商品、それも刺身、寿司、総菜だけでいい。

そうなればいろいろなお客様に、もっと手軽にもっと自由に魚を味わっていただけるようになる。高付加価値で、かつ加工度の高い「調理時間ゼロ分」の商品を提供すれば、肉と同じように魚に親しんでくれる人が増えるはずだ。

東信水産では、売り上げ構成比の50％を占めていた寿司・刺身・総菜の売上がコロナ禍においても伸び続けた。２０２１年4月・5月は前年比１２０％以上にまで拡大している。ニッセイ基礎研究所の調査によれば、新型コロナ感染拡大以降、家事時間が増えたと回答した女性は30%にのぼっていた。夫や自分の在宅勤務により、かえって仕事と家事・育児の両立が難しくなっているのかもしれない。健康志向を背景に、手軽に食べられる刺身の需要は今後も大きくなるのではないだろうか。

ただし、刺身は職人がいて初めて完成する商品である。当社は昔からブランド戦略上、刺身加工に投資してきた経緯があるため、コロナ前から刺身の売上構成比は30%ほどと高かった。人のインフラがあったからこそ実現できた数字といえる。今後、人手不足が深刻化する時代はどうだろうか。

だからこそ、東信館のようなプロセスセンターが必要になる。プロセスセンターでつくった商品を置くことで厨房作業が不要になれば、その分の人件費が削れる。**「調理時間ゼロ分の魚屋」&「作業時間ゼロ分の魚屋」というわけだ。**

また、厨房がないということは、その分、地代・家賃の負担がないということだ。水道・光熱費も削減でき、魚の処理で出る大量の産業廃棄物も出ない。都心のミニスーパー、あるいはエキナカ店舗、百貨店の総菜売り場など、さまざまな商業施設に出店が可能となるだろう。

ハン・パスタが主食になる時代の魚屋とは

コロナ禍、当社において寿司・刺身・総菜の売り上げが伸びた要因のひとつに、商品単価の伸びがある。天然マグロや活〆した新鮮な刺身などの高額商品が売れるようになったのだ。

従来、当社のトッププライスラインは2800円、中心プライスラインは1800円ほどだった。それが2020年は1500円～2000円ほどアップしている。これまでも都心の百貨店などでは年末になると7万円の松葉ガニが売れたりしたものだが、**日常の買い物でもやや高級志向が出てきている**。旅行や飲み会を控えている分、食卓のプチ贅沢を楽しむ人が増えているのだろうか。あるいは、軽いインフレーションが起きている可能性もある。

また、今後はお客様の生活時間だけでなく、食生活の変化にも着目したいと考えている。厚生労働省によると、国民1人あたりの年間の米の消費量は1962年度は118・3㌔だったが、その後減少し続け2018年度は53・5㌔と半分以下だ。若い人々の主食は米からパン、パスタに変化しているのだろう。だとすれば、おかずとなる魚料理は焼き魚、煮魚ではなくなるはずだ。シーフードサラダやマリネ用の刺身や調味料、アクアパッツァができる魚介セット、あるいはパスタソースといった商品のニーズが高まるのではないか。

魚屋の歳時記

本章を締めくくるにあたり、あらためてお客様の消費行動を見つめてみたい。生鮮食品、とくに水産は広義の意味でインバウンド効果は期待できない。訪日外国人のみでなく、東京へのドメスティックな旅行者も旅先で魚介類を買うことはないからだ。よって常連顧客の購買行動を分析することが、マーケティング戦略を立てるうえでの基本となる。

まずはお客様の年間の動きを追ってみよう。

2月は節分の恵方巻が盛り上がる。縁起のよい方角を向いて無言で食べると福に恵まれるとされる恵方巻は、もともと関西で発祥したともいわれるが、由来はさだかではない。過去には売れ残りが大量廃棄され、食品ロス問題が社会的に取り沙汰された。かえって認知度が高まり、予約購入するお客様も増えるなど人気は今なお衰える気配がない。とはいえ2月は日数が少ないこともあり、恵方巻効果をもってしても月間ベースの売り上げはいまひとつである。

3月に入ると、卒業、入学、就職、転職祝いなどで寿司や刺身の盛り合わせといった単価の高い商材が一気に売れるようになる。6月以降、気温の上昇とともに生鮮、とくに魚介人気は下り坂となり、どうしても客足が落ちてしまう。それだけに魚屋としては3月中にできるだけ売り上げを確保しておきたいところだ。

魚の活性が落ちる夏は漁獲できる魚種も減り、アジやイワシといった青魚が中心となってくることも、売り上げの足を引っ張る要因だろう。秋になると魚種は増えるが、売価の安いサンマ、秋鮭、サバなどは魚屋泣かせの商品だ。おかげで他の商品の売り上げが伸びず、客単価が大きく落ちてしまう。だからこの時期はウナギやカツオ、ハモなど少しでも単価の高い商材を投入することで、どうにか売り上げを維持していくのである。

高級商材のマグロが増えてくるのも9~10月頃からだ。昔は「東もの」といって、北海道北東にある漁場「東沖」のバチが秋口の店頭によく並んだ。今もその名残で秋頃からマグロを増やし、売り場をイメージチェンジしていくのが魚屋にとって一種のならわしとなっている。徐々に店を賑やかに盛り上げ、年末商戦に備えるのだ。

クリスマスイブから年末年始は魚屋にとって1年で最大の稼ぎ時である。売り場の賑わいが最高潮に達するのは27日を過ぎた頃だろう。この時期ばかりはトレーいっぱいに盛ったマグロやブリ、エビ、刺身の盛り合わせ、寿司を陳列ケースにぎっしり並べ、スタッフ総出でお客様を迎える。


ただし、コロナ禍においては年末年始のお客様の動きに変化が起きた。例年であれば旅行中や帰省中に新年を迎える方々が移動を控え、自宅で年末年始を過ごしたのだ。東信水産でも、例年は来店されないような新規のお客様が増えた。とはいえ、若い層には年末にどんな買い物をし、どんな料理をすればいいかわからない方も多かったのではないかと推察される。

だからこそ、魚屋としてはお客様とのコミュニケーションを深める必要があるだろう。ＰＯＰや陳列を工夫し、年越しのメニューやお節料理といった年末年始の食卓イメージをわかりやすく伝えれば、ファンになってくださる方も増え、平月の売上アップも期待できるにちがいない。

コロナ禍の影響がどれくらい続くかはわからないが、新規顧客開拓のための新しい売り場づくりは年末年始に限らず、今後も必要になるはずだ。

コロナ自粛で進んだ「売り場の健全化」

また、コロナ禍では時短営業により、お客様の買い回りにも大きな変化が現れた。２５８ページの時間帯別売上高グラフのとおり、通常であれば夕方のピークタイムは18時頃だが、２０２１年２月の緊急事態宣言時は16時となった。ピークタイムだけが突出することなく、全体的にゆるやかに変動しており、お客様の買い物の時間帯が分散していることがわかる。混雑を避けたい人が多いためだろう。

商品別の売上高にも変化があった。コロナ禍においてとくに売れたのは定番商品

2020年、2021年2月の時間帯別売上（東信水産荻窪本店）

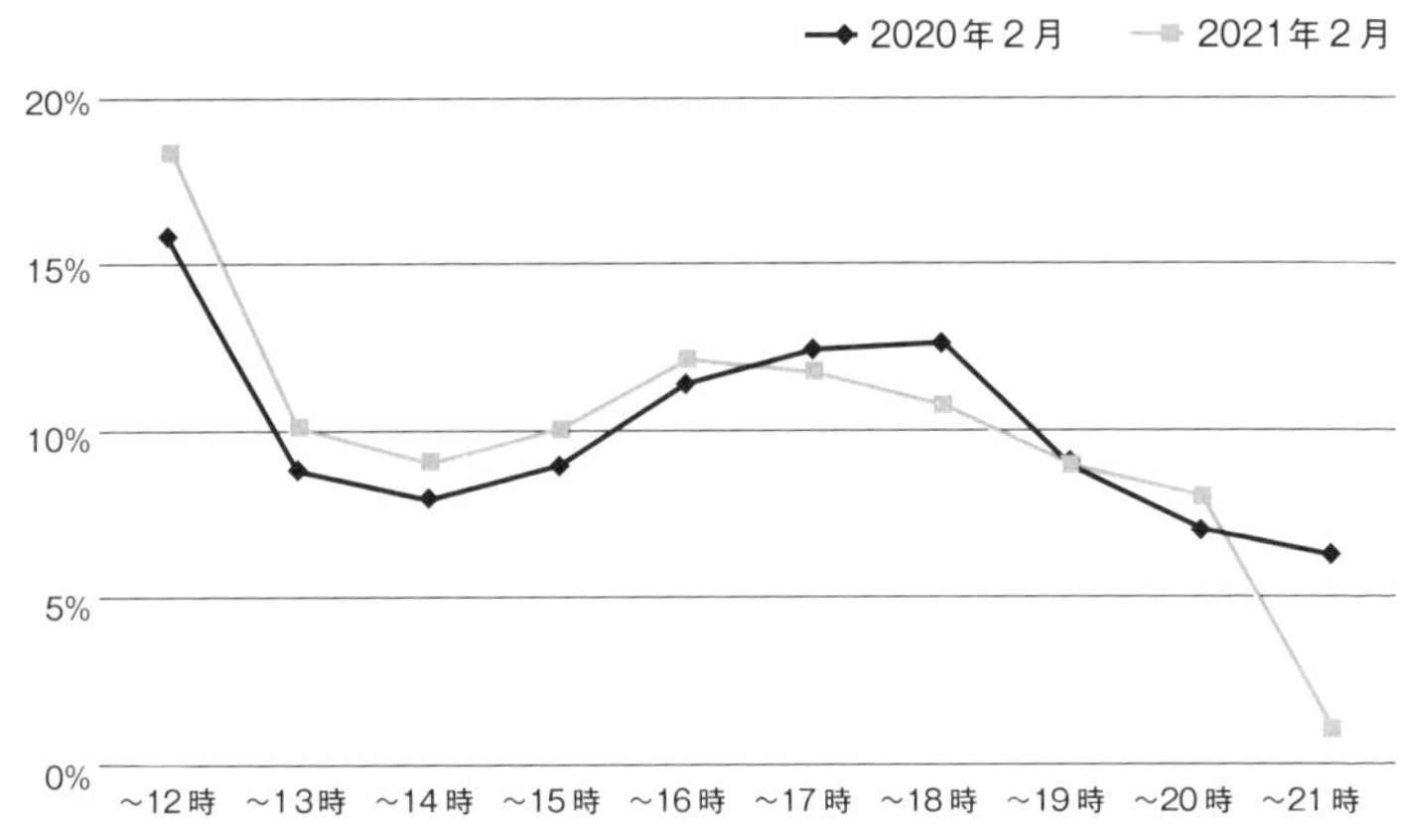

である。刺身の3点盛り、マグロの切り落とし、シラスやイクラのパックといったものだ。一方で、少し変わった鍋ダレなど新規企画商品は売れ行きが今一つだった。あれこれ考えず、さっと商品をかごに入れ、買い回り時間をなるべく減らそうとする方が増えているのかもしれない。

コロナ禍による営業時間短縮でもうひとつ顕著だった変化は、商品の廃棄ロス（食品ロス）が軽減されたことだ。

以前は閉店前の値引きタイムを待つお客様が多く、日中や夕方早めの時間帯は売り上げがあまり伸びなかった。閉店ぎりぎりまで商品が売れ残り、10％引きシール、20％引きシール、さらに半額シールを貼っていたのだ。それでも売れ残れば廃棄せざるをえないという、負の連鎖も起きていた。

ところが営業時間短縮により値引きタイムが短縮し、通常価格で商品が売れるようになった。お客様の来店時間も分散されたことで日中の売り上げも伸びている。先述のとおり、営業時間短縮によって人の働き方の健全化が一気に進んだが、売り場もまた健全化されたわけだ。

個人的には喜ぶべきことではないか、と思う。漁労を日々行う漁業者のみなさん、朝から魚の手当てを行う魚屋のみなさん、そして値引きシールを貼られた「魚たち」のことを考えると、適正売価で売れることを切に願わずにいられないからだ。

「売れ残り」＝「お客様から評価を得ていない商品」であれば、商品改良したり、より評価される商品を開発したりできる。しかし、「値引きが目当ての購買」は、フードロスや自然保護の観点から見ても不適切だ。日本全体で考えなくてはいけない大きな問題といえないだろうか。

現在、経済産業省など各省庁が連携し、「食品ロス削減に向けた取組」を推進しているが、この機会に具体的なアクションを起こし、食品ロスに対する意識をより広げていきたいものだ。

第10章

海の幸

ダイビングから見えてきた魚と日本の未来

ダイビングインストラクターになった理由

私がダイビングを始めたのは今から7年ほど前、30歳のときだ。

総合商社の水産流通部門に勤務していたとき、長崎県でマグロの養殖事業にたずさわったことがある。現場には毎日ダイバーたちが潜水活動をし、生け簀を洗浄したり、マグロの成長ぶりや健康状態を確認したりしていた。颯爽と海に飛び込む姿に、「かっこいい！」と目が釘付けになったものだ。

このときの光景が忘れられず、数年後にダイビングを始めた。国際的な指導団体、PADIで初級コースから学び、インストラクター試験を通過。現在はマスター・スクーバ・ダイバー・トレーナー（MSDT）のほか、国家資格である潜水士免許、小型船舶一級免許も取得した。

海に潜れば多彩な魚に出合える。アジの大群。海底をゆっくり這っていくタコ。色とりどりのウミウシ。ウツボに捕食されるアオリイカ。海の中にはじつにドラマティックなシーンが広がっている。ワイドで見る魚、マクロの生物たち、日本各地のさまざまな地形と生態系があり、すべてが美しい。同じ海のポイントでも季節ごとに光量やプランクトンの発生状況が異なるから、春夏秋冬でまったく異なる景色が見られる。何度潜っても見飽きることがなく、いつも新鮮な驚きと感動に満たされる。

私たち人間にとって水の中の環境は地上よりも厳しいが、それなりの装備と知識、怖れと畏れをもって臨めば海は寛容に受け入れてくれる。悠久の時を刻み続ける自然への敬意、畏怖を肌に感じずにいられない。潜るたびに、「自然はすべての者に平等なのだ」という思いがあらたになる。

冒頭でも述べたとおり、筆者自身はベテランの魚屋のように包丁をもって魚を捌くことはできない。しかし、魚屋以上に海と魚に詳しくなりたいと思っている。また、多くの人に海や魚への関心を持ってほしいという願いから、インストラクターの活動を通し、限られた時間のなか、新たなダイバーの育成を続けている。

人生観を大きく変えてくれたダイビングだが、同時にさまざまな発見ももたらしてくれた。

未利用魚の価値

海で出合う魚たちは、魚屋の店頭で見かけるものもあるが、ふだんは馴染みのない魚種も多い。網にかかれば、いわゆる「未利用魚」のカテゴリに入る魚たちだ。未利用魚とは、漁獲量が少なく流通に乗りにくい魚、サイズなどが規格外の魚を指し、総水揚げ量に占める量は30％とも40％ともいわれる。地元で食べられるものもあるが、多くは廃棄されているのが現実だ。

水産庁では２００９年頃から未利用魚の有効活用を呼びかけており、全国で新しい活用法の模索が続いている。

たとえば長崎県の佐世保魚市場では、未利用魚料理を提供する「魚市場もったいない食堂」を開設するほか、下処理後、真空パックした魚を「もったいないセット」としてネット通販している。また、静岡県のいとう漁業協同組合は、定置網で獲れた魚の一部をスーパーマーケットに直接卸すことで、流通コストの削減に成功しているそうだ。[1)]

たしかにローカルフードとしては利用価値がある未利用魚だが、都心の魚屋からすると、扱いづらいのが正直なところだ。ただでさえ魚離れが叫ばれる時代、名前も聞いたことがなければ、おろし方も食べ方もわからないような魚では、販売員としても紹介するのがむずかしい。漁獲量が少なくロットもまとまらないうえ、足の早い魚種も多いなど、ほかにも難点はいろいろある。

物流コストの問題もある。漁協に併設されたガソリンスタンドでは、漁協組合員用にA重油というディーゼルエンジン用の燃料を販売している。無税のため、一般のガソリンスタンドで供給される軽油と比べれば安価だが、それでもトラックに積載できる容量には限りがある。

水産業界にとって、物流コストをかけられないような魚は残念ながら価値のない魚、つまり雑魚（ざこ）なのである。国として未利用魚の利用を本気で推進したいのであれば、輸送コストを大きく圧縮するような改革への熱意が必要ではないだろ

1)　『平成21年度水産白書』トピックス～水産この一年

うか。〝どこでもドア〟は存在しないし、無料でものは届かない。燃油代もドライバーの人件費も軽視できないコストである。

未利用魚から高級魚に?

ただし、うまくブランディングすれば、物流コストを飲み込む高級魚に化ける可能性もある。好例が島根や石川、新潟など日本海を産地とするノドグロ(アカムツ)だ。

ノドグロは脂とうまみが凝縮した独特の味わいから、「白身のトロ」とも呼ばれる。もともと漁獲量は限られており、おもに地元で消費されていた。ところが15年ほど前、テレビ番組で取り上げられたのをきっかけに全国的に知名度が高まった。さらにテニスプレーヤーの錦織圭選手が「日本に帰ったらノドグロを食べたい」とコメントしたことで人気はうなぎのぼりに。大型の釣り物は1万円を超える値がつくなど、価格が一気に高騰した。

ブランディングの取り組みはさまざまに展開されている。**代表的なものが全国漁業協同組合連合会などが展開するプロジェクト「プライドフィッシュ（PRIDE FISH）」だろう。**[2)] 全国の天然・養殖の魚介類、海藻などの水産物の認知度を上げていく活動で、２０２１年２月現在で２７８魚種がピックアップされている。

選定条件は、「各都道府県の漁業協同組合連合会、漁業協同組合が選んだ、本当においしい漁師自慢の魚であること」「地元で水揚げされていること」「旬を明確にしていること」「各会員が独自に設けている基準（サイズ、水揚げ海域）をクリアしていること」の４つだ。水揚げ量や価格にはこだわらない。

サイトを見ると、名だたる高級魚も多いなかでめずらしいものもあり、目を引く。たとえば千葉県の「東京湾のホンビノス貝」。２０００年前後に東京湾の湾奥で発見され、その後定着した貝という。アサリ漁場に生息するので、かつては邪魔者として扱われていたそうだ。しかし生命力が強く、青潮でアサリが死滅する時期も漁獲できることから、徐々にその価値が注目されるようになった。砂抜きが不要なうえ、肉厚で濃厚な味が楽しめると、今や鮮魚店やスーパーマーケットでも人気商品だ。漁獲量は年々増加し、県内で漁獲量が最多の船橋市漁協では10年間で約８倍に

2)　全国漁業協同組合連合会 PRIDE FISH ホームページ

増えたという。

神奈川県の「平塚のシイラ」もユニークだ。平塚の定置網には年間8トンものシイラが漁獲されるが、大きいうえに骨が太く、皮も硬いことからこれまで店頭にはほとんど並ばなかった。おでこが突き出した武骨な外観も敬遠される理由である。しかし、食べてみれば淡白な味わいが美味で、お刺身やカルパッチョ、フライなど用途は多い。平塚ではおもに郷土料理としてシイラを活用してきたが、今後はさらなる認知度アップに取り組むという。

「産地×小売×行政」のチームワークが不可欠

魚のブランディングは簡単ではない。助成金が落ちるとさっそく販促物を作ったり、イベントを立ち上げたりして盛り上がるが、結果的に似たようなブランド魚があふれたりする。消費者に受け入れられないばかりか、最悪の場合、供給過多となって魚の相場全体が落ちてしまうケースもある。

やはり、〝助成金ありき〟の開発では市場に受け入れられる魚は生まれないということだろう。産地だけでなく、小売業がしっかり連携し、ともに消費者目線で商品開発していく必要がある。そのうえで自治体にPRなどをお願いし、強力にバックアップしてもらう。やがて催事などで人気に火が付き、旬の定番商品、通期商品に成長すればしめたものだ。**ブランド化成功のカギは、「産地×小売×行政」のチームワークなのである。**

魚屋としても、さまざまな魚種を取り扱い、ダイバーシティを高めていきたいという想いはある。未利用魚に限らず全国の魚をお客様に知っていただき、喜んでいただくことは我々、鮮魚小売共通の願いではないだろうか。

そこで東信水産では２０１４年、荻窪総本店に家庭のキッチンを再現した「Toshin Kitchen（トーシンキッチン）」という施設を設けた。さまざまな料理家を招き、シーフードスタイリストとして魚の調理を実演していただく。また、地元の飲食店とコラボレーションするなどし、意外な食材との組み合わせや、目先の変わった調理法をお客様に知ってもらう取り組みも行う。

産地の漁師さんを招くこともある。たとえば青森県北津軽郡中泊町の漁協の方を招き、青森県のブランド魚である津軽海峡メバル（ウスメバル）を調理してもらうなどだ。今後も、香川県や青森県ほか、全国の産地とコラボレーションし、日本中のおいしい魚をどんどん発掘していくつもりだ。

基本的に鶏、豚、牛しかない肉と違って、鮮魚はバリエーションの多彩さが魅力だ。日本の魚食文化を盛り上げていくには、この多彩さを活かすしかないと思っている。

ダイビングで目にする日本各地の魚たちは、どれもかけがえのない海の幸であり宝だ。だが、そのままでは売り物にはならない。流通に乗る魚に育てるには、人間の知恵と工夫と努力が必要なのだ。

声にならない魚たちのSOS

潜水士の資格を取ってからというもの、養殖生け簀の中を目にする機会が増えた。出張で養殖業者さんを訪ねたとき、お願いして潜らせていただくのだ。

小型の養殖生け簀はたいてい10メートルほどの立方体で、底から20〜30メートル下にある海底にアンカを張ってある。

網の管理が行き届いているか調べるため海底まで潜り、地面を掘ってヘドロが溜まっていないか見ることもある。ヘドロのおもな原因は魚が食べ残し、海底に沈殿したエサだ。大波が来てヘドロから発生したメタンガスが生け簀内に入ってこようものなら、魚たちは魚病（ぎょびょう：養殖魚がかかる病気）になってしまうだろう。最悪の場合、窒息死することもある。

言葉の話せない魚たちのＳＯＳはなかなか人間に伝わらないが、こうして水中に潜ってみると、海面から伝わる情報だけではわからない、立体的な情報を得ることができる。

荒らされるサンゴ礁や岩礁

近年、地球温暖化によるサンゴ礁の激減が問題になっているのは周知のとおりだ。

１９８０年代以降急激に深刻化し、特に１９９７〜98年のエルニーニョ現象では世界中のサンゴ礁が深刻なダメージを受けた。
海水温の上昇はサンゴ礁にとって大きな打撃となる。サンゴ礁を形作る造礁サンゴの細胞にすみついて光合成していた褐虫藻が、弱ったりいなくなったりしてしまうからだ。光合成するものがなくなった造礁サンゴは栄養不足から白化し、しまいにはサンゴ礁全体が死滅に至る。

サンゴ礁にとっての脅威は気候変動だけではない。開発による土砂の流入、サンゴを食べるオニヒトデによる害も知られているが、海底を破壊する人間たちもまた天敵である。なかでも**大きな網を海底に広げて引きずる大型沖合底曳船は、稚魚や卵の命を奪うばかりか、サンゴ礁や岩礁を根こそぎ壊滅してしまう。**

豊かな海はゆりかごのように命を生み育む力を秘めているが、海底の全域がゆりかごというわけではない。魚の多くは隠れるところもエサもない場所ではなく、サンゴ礁や岩礁を生活圏にしている。とくにサンゴ礁は全海洋面積のわずか0・1％と非常に小さなエリアしか占めていないが、知られているだけでも約9万種以上の生物が生息していることがわかっている。

漁船によって荒らされた海は魚がすめず、稚魚も育たない砂漠と化す。豊かなはずの海から再生能力が奪われ、死の海が広がっていくことになる。

魚屋であり、プロのダイバーである筆者としては、食用としての魚ばかりでなく、海における生態系や、海全体を守ることが重要なことだと考えている。[3)]

たとえば、5ミリ以下の微細なプラスチック「マイクロプラスチック」の問題も世界的課題となっている。海を漂流するプラスチックごみは時間が経つと劣化、破砕し、マイクロプラスチックとよばれる微細な断片となる。海洋生物の体内に取り込まれれば炎症反応、摂食障害を起こす可能性もあり、生態系への影響が懸念されている。

なお、海洋に流出するプラスチックごみの量は毎年およそ800万トンともいわれ、2050年には海洋中のプラスチックごみの量が、海に生息する魚の全重量を超えるという試算もある。

海洋資源の中には、人類がいまだ発見していない重要な化合物もあるだろう。薬

---

3)　『令和元年版環境白書』第1部第3章

学的な研究の余地もまだ海には隠されている。貴重な地球からのアイデアをむげにし、破壊し続ければ、人類の繁栄は望めなくなる。四方を広大な海に囲まれた我が国としては、世界の模範となるよう、率先して持続可能な管理を行い、魚食文化と海洋資源を大切にすべきではないだろうか。

21世紀半ばには漁獲可能な魚がいなくなる？

サンゴ礁や岩礁の環境破壊だけでなく、稚魚の乱獲もまた問題になっている。国連の科学者組織「生物多様性および生態系サービスに関する政府間科学－政策プラットフォーム」（ＩＰＢＥＳ）では、このまま乱獲が続けば２０４８年にはアジア・太平洋地域の沿岸や海で漁獲可能な魚がいなくなる、と２０１７年の報告書で指摘している。

図からもわかるように、１９７０年代まで日本は世界一の水産大国だった。だが１９８０年代後半から漁獲高は減少し、近年は世界の漁獲量の４％程度と、ピーク時の17％から大きく縮小している。大きな理由として、水産庁では排他的経済水域

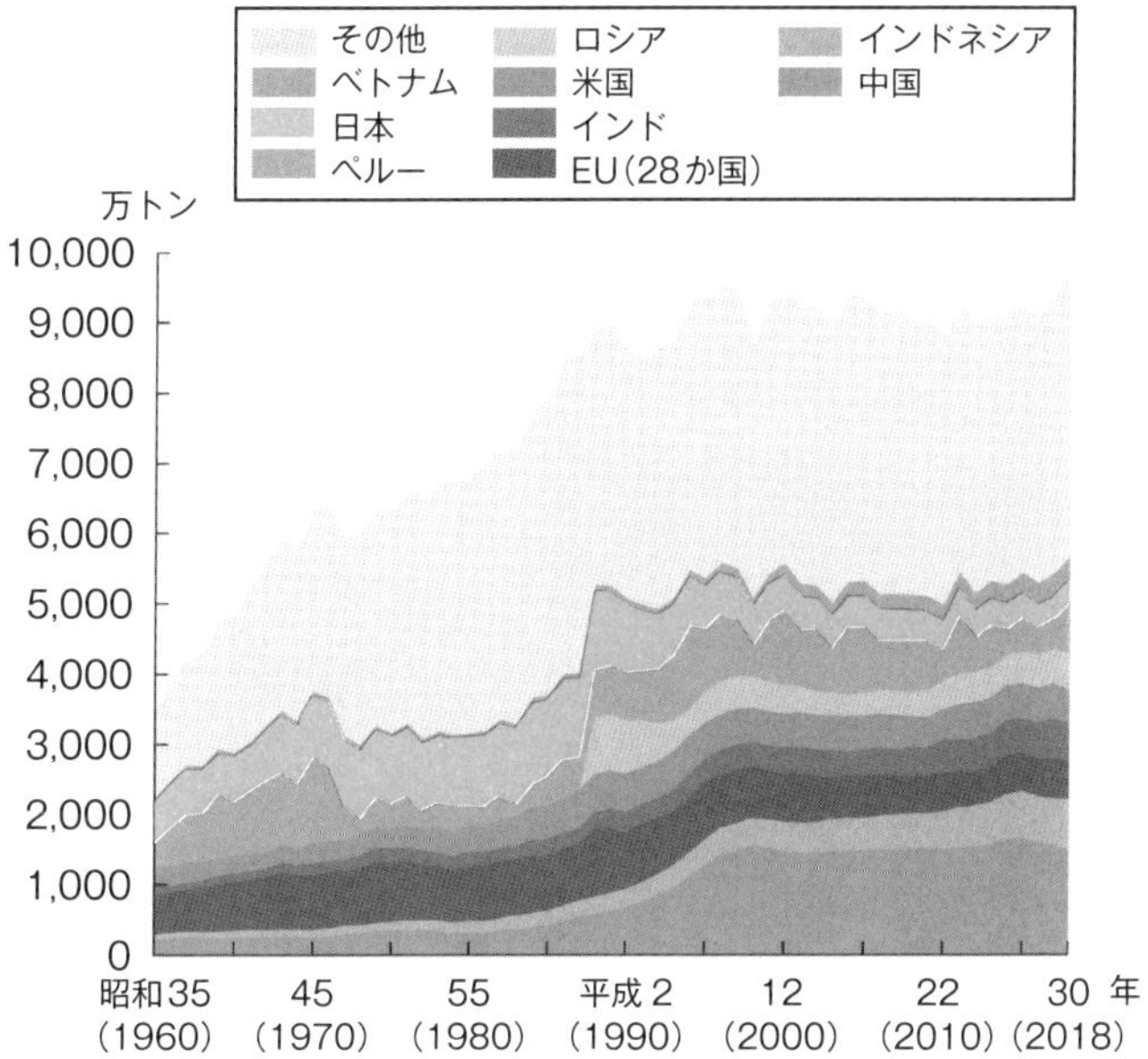

資料：FAO「Fishstat（Capture Production）」（日本以外の国）及び農林水産省「漁業・養殖業生産統計」（日本）に基づき水産庁作成

（ＥＥＺ）の設定による海外漁場からの撤退、マイワシの漁獲量の減少、漁場環境の悪化を挙げているが、過去の獲りすぎも資源の頭打ちを招いたのではないかといわれている。

改正漁業法で何が変わるのか

２０２０年12月、日本では水産資源保護のため「改正漁業法」を施行した。70年ぶりの抜本改正だ。改正にともない生態系や資源量、季節・海域ごとの漁獲量など、科学者による水産資源調査を強化する。対象魚種は従来の50魚種から２００魚種に拡大する、とした。また、漁獲可能量（ＴＡＣ）の設定対象をサンマなど８魚種から、漁獲量全体の８割に相当する魚種へと増やす。減少傾向の見られる魚種があれば漁獲量を抑え、資源量をコントロールしていくという。

さらにＴＡＣ設定にあたり、国際水準の「長期にわたり安定的に漁獲できる最大持続生産量（ＭＳＹ：Maximum Sustainable Yield）」の概念を導入する。自然に増える魚の量を超えないように漁獲量をコントロールしようという考え方だ。これまでは、最低限の資源確保をすることを基本的な考え方としてきたが、今後は世界のトレンドに歩調を合わせていく。

漁獲量管理の方法については、従来のオリンピック方式からＩＱ方式へと切り替えを行う。

①オリンピック方式（非個別割当方式）
漁獲可能量を個々の漁業者等に割り当てることなく、自由競争の中で漁業者の漁獲を認め、漁獲量の合計が上限に達した時点で操業を停止させることによって漁獲可能量の管理を行う。

②ＩＱ方式：Individual Quota（個別割当方式）
漁獲可能量を漁業者または漁船ごとに割り当て、割当量を超える漁獲を禁止することによって漁獲量の管理を行う。なお、漁船別に割り当てる方式をＩＶＱ方式と呼ぶこともある。

③ＩＴＱ方式：Individual Transferable Quota（譲渡性個別割当方式）

漁業者、または漁船ごとの割当量に譲渡性を付与し、ある漁業者が自分に割り当てられた割当量の全量を消化する見込みがない場合などには、割当量を他の漁業者に譲渡することができるようにする。

これまで日本では漁業の自由競争を認めるオリンピック方式を運用してきた。オリンピック方式では、漁獲量がＴＡＣに達した時点で採捕が停止となるため、漁業者の早獲りを助長してしまう。乱獲につながる手法として、海外から批判を受けることも多かった。

ノルウェーの資源管理手法の透明性

一方、欧米では１９８０〜90年代頃、サステナブルな漁業へと舵を切っており、ＩＱ方式、もしくはＩＴＱ方式を導入している。適切な資源管理をしつつ水産業を成長産業に育てている国が多い。

なかでも水産大国といわれるノルウェーでは厳しい資源管理を行う。１９６０〜

70年代には日本と同様、ニシンなどの乱獲を繰り返していた同国だが、このままでは資源が枯渇してしまうと気づき、漁船ごとに漁獲枠を定めるルール、IQ（IVQ）方式を導入した。

IQ方式では、TACをより厳格に管理できる。また、漁師たちもほかの漁船と競争する必要はない。大型の魚、おいしい魚を獲ることに専念できる。一定の漁獲量で利益を最大化するには、条件のいい魚に絞って漁獲する必要があるため、自然と安い稚魚をムダに獲ることもなくなる。

さらに、ノルウェーでは同国の近海で、どの漁船がいつ、どんなサイズの魚をどのくらい漁獲したか、誰でもリアルタイムで閲覧できるウェブサイトまで作られている。違反者を出すまいとする漁業販売組合の取り組みだ。

これだけ資源管理を徹底したのにはわけがある。ノルウェーの冬は長く、大地も凍る厳しさなので畜産業も農産業にも向いていない。石油と水産業が二大産業というこの国にとって、海洋資源は命綱にほかならないのだ。海における自由競争を許すことは、自らの首を絞めることを意味する。

もちろん、同じことを日本でやれるはずはない。日本とノルウェーとでは漁業船も違えば、漁獲できる魚種も異なる。また、憲法で財産権を保障している日本では、どこの漁場で誰がどれだけ魚を獲っているか一般に公開することなど不可能だ。漁業者の重要な情報をさらして自由な競争を規制すれば、個人の財産を侵害することになってしまう。

ふたつの国の漁業を単純に比較できるものではないが、せめてＥＥＺ内ではすべての漁業船籍にＧＰＳを搭載し、管轄省庁に運航漁獲場所を証明するよう義務づけるといった工夫が必要ではないか。国や立法府は漁業生産者の最大利益を考えつつ、制度の効果をあげられるよう運用していくべきだろう。

ともあれ、改正漁業法によって日本の漁業は「資源の持続的活用」と「水産業の成長産業化」の両立に向けて歩み始めた。黒潮、親潮、対馬海流、リマン海流とさまざまな海流、さらにユーラシア、太平洋、フィリピン沖プレートが湾曲しながら入り込む特殊な海底環境に恵まれ、網を広げれば四季折々の魚が獲れた日本の豊かな海。しかし、これからは海の恵みをほしいままにするのではなく、計画的に漁獲することが問われるようになる。さらに、価格帯、市場流通量を把握したうえでより精密に漁獲量をプロットできれば、相場のムダな乱高下もなくなるにちがいない。

漁船にGPSを

深刻化する密漁問題にも手を打っていくべきだろう。改正漁業法では、無許可操業を厳罰化し、従来の「3年以下の懲役または200万円以下の罰金」から「3年以下の懲役または300万円以下の罰金」とした。

また、アワビ、ナマコ、シラスウナギを違法に獲ったり、流通させたりした場合は3年以下の懲役または3000万円以下の罰金に処す、としている（シラスウナギについては3年の猶予期間がある）。

外国船の違法操業も後を絶たない。今やIUU（Illegal, Unreported and Unregulated：違法・無報告・無規制）漁業は世界的な注視の的だ。各国の水産資源や漁業権が脅かされるだけでなく、船で違法就労させられる人々の人権問題もはらんでおり、ＳＤＧｓの観点からも無視できない社会課題となってきた。経済損失は莫大で、たとえば大洋州ではマグロ類のＩＵＵ漁業による被害規模が年間約７００億円に及ぶとの推算もある。もちろん、日本のＥＥＺにおける被害もたびたび報告されている。[4)]

グーグルなどが創業パートナーに加わる国際的なＮＰＯ団体、グローバル・フィッシング・ウォッチ（ＧＦＷ）では、全世界の海洋漁業活動を可視化するウェブサイトを公開している。人工衛星などから取得した漁船の位置情報などを解析し、地図上に漁船の活動状況を表示するものだ。ＧＦＷによれば２０２０年5～12月の衛星画像などを分析した結果、日本の排他的経済水域では中国の漁船が多数確認されていることがわかったという。

水産庁は海上保安庁と連携し、漁業取締船や取締航空機で海上を監視しているが、広大なＥＥＺを３６５日24時間、全海域をくまなく監視するのは不可能だ。ＧＦＷのような衛星画像、ＩＴシステムを利用するとともに、民間ネットワークもフルに活用して取締りを強化すべきではないだろうか。

たとえば漁船に監視カメラやＧＰＳを搭載し、漁業取締船の役目を果たしてもらう。装備を搭載するかわりに、新規造船・改修する際には助成金を出すなどすれば、協力してくれる漁業者も増えるかもしれない。

魚屋が考えるべきこと

日本は山地が国土の73％を占める島国だ。畜産ができる範囲は狭いが、ＥＥＺ（排他的経済水域）の面積は４４７万平方キロメートルにおよび、世界第6位である。日本のアドバンテージは本来、膨大なＧＤＰを生み出すはずの「海」にあることは間違いない。この日本の大切な財産を守るためには、違法漁業を許さない業界ぐるみの仕組みがいる。

同時に先述したとおり、違法船を監視する「防人」の役目を果たしてもらうなどし、漁業者の生活の安定化を図っていきたいところだ。漁師さんの収入は漁業形態によって違うが、一般に沿岸漁業者の経営状態はとくに厳しい。新艇を購入するた

4）　『開発協力白書2018年版』P85

め、自宅を担保に入れてローンを組む人も多いと聞く。国内の漁業就業者数は２０１８年時点で15万１７０１人で、平成期の30年間で61％も減少した。水産庁の推計によれば、２０６８年には約７万人にまで減るという。[5)]

日本は、海に囲まれた自然豊かな国だ。だが、海の向こうの近隣諸国との関係を考えると、現段階ではけっして安全な国とはいえない。

某国からの度重なるミサイル発射、人道的歴史認識による誤解や過去の国際条約についての誤解から、かつてないほど冷え込んだ状況にある隣国との関係。

手をこまぬいていれば、隣国の脅威は戦略的に重要な海域に浮かぶ離島、長崎県の対馬まで南下してくることになる。かつてイギリス統治国だった国も２０４７年まで続くはずの一国二制度が脅かされており、混乱が続いている状態だ。国家安全維持法によって民主化運動を抑え込んだ某国の共産党政権は、さらに東シナ海、尖閣諸島に法治の範囲を広げるのではといわれている。

一方、米国と日米安全保障条約を結ぶ我が国へ目を移してみれば、日米安保条約によって、米軍基地が国内のいかなる場所にも設置可能であると解釈するならば、

5）『令和元年度水産白書』第１部第２節，水産庁 HP

これも隣国への脅威となるため、北方領土返還問題は根本的に解決が難しくなっているといえる。

そうした緊張状態にあるために、外国の違法船の問題は看過できない。人口が減少する地域は漁船も少ないので、他国からの船が容易に侵入しやすいといえる。なかでも人口減少率がトップの秋田県は危険だ。青森県、新潟県と連動して海洋の状況を常にモニターする必要があるだろう。

このように水産業は防衛問題、さらに地政学の問題とも深く結びついている。極東アジア地域の政情や、アジア太平洋地域における我が国の海洋情勢は、そのまま水産の一次生産に影響する。また、為替レートが不安定化すれば、エサやガソリンを輸入に頼る水産業界全体がダメージを受ける。

問題は、「海は選挙に弱い」という現実だ。票は地面から生まれてくるというが、まさにその通りで、政治家は地主である農家は大切にするものの漁業者の声には耳を傾けない。漁師は海を私有しているわけではなく、所属する漁協から免許を得ている区域で漁業活動をしているだけだからだ。

また、現行の小選挙区制では1つの選挙区から1人しか当選者が出ない。海の面積当たりの労働人口を考えても、漁業者の支持を求めるのは非効率といえるだろう。それだけに、真剣に水産業の未来を考える政治家は、筆者が知る限り皆無といっていい。そもそも、小選挙区制となった時点で、マイノリティーを大切にする議員、広い考え方をもつ議員は生まれなくなっているのである。

先述のとおり諸外国に対する日本のあり方は水産業の未来を大きく左右する。そこで魚屋として提言したいのは、次の3つだ。

・外国の密漁船に対する水産庁の対応を見直す
・内閣府と海上保安庁、海上自衛隊の連携力を高める
・防衛、とくに海上における警備行動を強化する

「良識の府」である参議院の議員には、もっと海洋・水産政策に力を入れてほしいと思う。衆議院議員と同一の選挙アピールはせず、任期が6年と長い参議院議員だからこそできる改革を成し遂げてほしいものである。

魚屋は魚を生産しているわけではない。安全な海があり、資源が維持され、そこで働く漁業者のみなさんがいて初めて我々の商売が成り立っているのだ。

だからこそ、これから鮮魚小売業界に入る人には、「日本の海洋資源を守り育てる大切な仕事をしているんだ」という意識を持ってほしいと思う。そして、機会があればぜひダイビングをしてほしい。海の中のことを知れば、そこで育つ命をいとおしく感じるし、水産のサプライチェーンを見る目もきっと変わってくるはずだ。

おわりに

子どもの頃の夢は宇宙飛行士だった。小学生のとき、両親に頼み込んでヒューストンの宇宙教育センターが運営する教育プログラムに参加したこともある。しかし、異常な高所恐怖症で足が震え、ロケット発射台にたどり着くことができなかった。「君は宇宙飛行士よりグランドオペレーターのほうが向いているかもね」と先生に笑われた。

やむなく断念し、180度進路を変更した。小学生のころから毎日のように楽しんでいたアイスホッケーに打ち込むことにしたのだ。またもや両親を口説き倒し、米国カリフォルニア州サンディエゴに留学したが、アメリカ同時多発テロ事件、9・11が勃発。米国で勉強を続けることはあきらめざるをえなかった。当時、保守層において全米で差別意識が広まったことを心配した両親に今度は私が説得されたのである。

次に頑張ったのが化学だった。じつをいうと、最初はまったく化学に興味がもてなかった。とくにちんぷんかんぷんだったのが、後に所属することになる研究室の教授であり、恩師となった山本順寛先生の授業だった。しかし結局、単位を取るためにひたすら化学を勉強するハメになった。それがちょうど大学2年生の、研究室を選ぶ大事な時期だったのだ。

宇宙やアイスホッケーに夢中になったように、大学時代の後半からはすっかり有機化学のとりこになってしまった。大学院に進み、コエンザイムQ10にたずさわるたんぱく質の研究に日夜打ち込んだものだ。修士課程修了後は総合商社に勤務したが、じつは「時期を見てまた大学に戻ろう」ともくろんでいた。

東信水産入社後は課長として営業企画部に配属され、水産小売業界のこと、会社の内情のことをいろいろ知り、魚をさばけない自分がこの会社でできることを考え始めた。

企業の数字については少ししか理解していなかったので、もう一度勉強し直した。ＩＴのこともよくわからなかったので、専門家のみなさんに頭を下げ、一から教えていただいた。

2011年には百貨店を担当する部長になり、初めて現場のマネジメントを任された。これも頭を下げ、魚屋の仕事とはどんなものか、ベテラン部長や店長に一から教えてもらった。そして東日本大震災の年を彼らと共に生き抜いた。

2012年からは常務取締役として営業本部を運営すると同時に、銀行との話し合いにも参加するようになった。ファイナンスなんてやったことがないので、本を買い、財務を担当する部長やコンサルタントに頭を下げ、また一から教えてもらった。

2016年、副社長兼営業本部長として赤字状態の会社を立て直すスキームを当時の社長に進言した。当時はまだ、自分が社長になるとは夢にも思わなかった。

東信水産は、1949年に東京都杉並区荻窪で産声を上げた鮮魚専門店だ。社是に、「**東信水産は常に誇りある鮮魚界のリーダーとして時代のニーズに応え、食文化を切り拓く『創造集団』です。**」という言葉を掲げているとおり、戦後70年間にわたり、鮮魚小売業として日本の食文化に貢献してきた。

初代がこの会社を創業したのは、戦後の大混乱の時代だ。戦時中から続く配給制度で食糧物資は細々と供給されてはいたが、国民の胃袋を満たせる量にはとうてい及ばない。欠配や遅配も多く、人々は飢え苦しんでいた。生き延びるためには遠くの農村に買い出しに行って物々交換するか、駅前などににわかに増えていた非合法の露店に行くしかなかったという。戦後直後、新宿東口エリアに誕生した露店はまたたくまに全国の都市に広がり、青空マーケットからバラック小屋の集積地へと姿を変えていた。いわゆる「闇市」の誕生である。

「闇」と言うと聞こえはよくないが、食うか死ぬかの選択を迫られた国民にとっては食料供給の重要な担い手であり、なくてはならぬ生活のインフラだった。1949年、GHQの指示により闇市は解体されたが、業者たちは常設店舗をつくって商売を続け、やがて新興商店街を形成していった。今でもJR中央線沿線などでは、当時の名残をとどめる商店街や横丁が随所にある。

現在、東信水産本店のある荻窪タウンセブンも、闇市から発展した荻窪新興マーケット（商店街）が前身だ。

初代はもともと海軍兵だった。退役後は故郷の荻窪に戻ってきたが、食糧事情のあまりの劣悪さに、「食に関わる仕事に就いて人々を助けたい」と起業を決意したと聞く。土地も持たず米も野菜も栽培できなかったので、海軍時代で覚えた調理の腕を活かそうと、当時新興マーケットにあったオビゲンという店の魚売り場で働き始めた。

やがてチャンスがめぐってきた。オビゲンが店をたたむことになり、店舗を譲ってやろうと申し出てくれたのだ。ただし、売値は500万円。当時としては大金である。あちこちの銀行を回って八方手を尽くした挙句、幸いなんとか協和銀行（現りそな銀行）から融資を取りつけることができた。わずか2坪の小さな店、東信水産の前身「魚信（うおのぶ）」は歩み始めた。

彼は職人としては一流の腕前をもっており、品質へのこだわりかたは並大抵ではなかった。弟子の育成にも熱心だったらしい。水産業界では内臓を除去することを「カンペイ」というが、もともとこの言葉を作ったのは初代という。伝え聞くところによれば、カンペイは歌舞伎や人形浄瑠璃でも有名な〝おかると勘平〟の勘平から来ているとのことだ。たまたま二人の悲恋の物語を映画で見て、勘平の切腹シーンに感激して以来、「カンペイ」というようになった。「勘平のごとく美しく腹を切れ」というわけだ。

おかげで店は繁盛し、1952年に法人化した。高度経済成長が加速し、東京オリンピック閉会後の日本が先進国の仲間入りを果たした時代である。集団就職も始まり、大量生産・大量消費化が進み、都内にヒト・モノ・カネが集まるようになってきた。

経済発展の勢いを受け、東信水産も1967年には百貨店進出、翌年はSM（スーパーマーケット）にも進出を果たしている。百貨店や高級スーパーマーケットへの進出はその後のハイブランド化の礎となった。

一方で、ベトナム戦争、安保闘争が起こり、社会には暗い影も差していた。オイルショックや200海里問題などで日本の遠洋漁業が大きな打撃を受けたのもこの時代である。

初代が53歳で死没した後、二代目として初代の妻が社長に就任した。日本橋・馬喰町の老舗菓子問屋に生まれた二代目は育ちがよく、社員の品格を重視したと聞く。

二代目の差配で、従業員たちはネクタイを締め、スーツを着用するようになった。文化人や富裕層の多い荻窪、百貨店、高級スーパーにふさわしい丁寧なサービスは、巷の評判を呼んだ。

三代目が就任した頃は、世界情勢が大きく揺れ動いた。プラザ合意の締結、天安門事件といった大きな事件が次々に新聞を賑わせている。冷戦の終結によってグローバリゼーションは進んだが、民族や宗教の対立が起こるなど、地政学上のリスクは高まっていった。

日本はすでに漁獲高が落ち込み、かつての水産大国の勢いは失われていた。しかし、バブル絶頂期を迎えた百貨店などの小売流通業は好況だった。東信水産の販売網も拡大している。

三代目がとくに徹底したのは衛生管理である。理解を得られる取組先を選定したばかりでなく、仕入れから販売にいたるまで衛生についてのルールにこだわりぬき、厳格化していった。東信水産の荻窪総本店は、商業施設のテナント型小売店として都で初めて東京都食品衛生自主管理認証を取得しているが、まさに三代目の努力の賜物にほかならないだろう。地域が発展しなければ企業は繁栄しないと考えていた三代目は、地域貢献にも惜しみなく力を注いだ。おかげで東信水産は地元のお客様に愛される企業になったと自負している。

そして四代目である私が社長に就任したとき、時代は再び大きな変わり目を迎えていた。少子高齢化、東京一極集中、ＩＴ化、働き方改革――課題は次々に押し寄せてくる。さらに産地の疲弊や、東日本大震災の復興問題もある。爆発的に増加する海外の需要に押され、日本が水産物を輸入できない「買い負け現象」も深刻だ。だが最大の壁は、魚屋が直面する「従来のビジネスモデルの限界」かもしれない。

これまで語ってきたとおりである。

本書では業界がとらわれている神話とリアルな現状、そこからの突破口について述べてきた。あらためて、魚屋で起きている問題は、あらゆる業界に共通して起きていることではないか、と感じるが、どうだろうか。戦後の日本の繁栄を支えてきたシステムは機能不全に陥り、時に弊害の要因となっている。変化のスピードが速く、予測不能な出来事が次々に起こる世の中では、過去の成功体験や商習慣は足かせになることが多い。

ほんの少し前まで隆盛をきわめていたはずの産業、流行していた商品、話題だったサービスがあっというまに陳腐化し、忘れられていく。そんな時代に生きる私たちの誰もが、「自分たちは何者で、どこに向かっているのか」という根本的な問いを突きつけられているのではないだろうか。


旧い歴史をもつ業界ほど、変化しにくいものだが、魚屋はまさにその典型だろう。だが、本書にあるように、東信水産は変化に向かって歩み続けている。

時代が変わればお客様が求める「モノ」や「コト」も変わる。変化にいち早く気づき、お客様が欲する商品や販売サービスを築いていかなければならない。5年後、10年後、20年後と、時代の変遷とともに、鮮魚のマーケットも姿を変えていくだろう。未来の社会はどうなっていくのか？ 人々が囲むのはどんな食卓なのか？ 我々の業界はどう変わるのか？ 技術はどこまで進化するのか？ 妄想を膨らませ、具体的にイメージしつつ、つねに今できることを仕掛けていきたい。

ただ、単純に過去を否定するやり方は安易にすぎるだろう。企業も社会も、変化しなければ前に進むことはできないが、新しいソリューションを発見するには、歴史を振り返り、学ぶ必要がある。創業70年の歴史の厚みを思えばイノベーティブなこと、新しいことをやっているつもりでもその場、その時だけの表層的で薄べったい仕事になってしまう気がする。

文化が発達し、「雅（みやび）」の価値観が尊ばれるのは経済が発展している時代だ。経済が衰退すれば、合理性が重視され改革が起きる。

表裏一体のマーケットインとプロダクトアウトを繰り返し、己（企業）を見失わずに新しいインフラ整備を行う。人や企業が変わるときは、たいていやむをえず変化せざるをえない状況に直面するときだ。自主的な変化などそうそう期待できるものではない。

振り返れば、戦後以降の我が国はグローバリズムからさまざまな変化を体験してきた。そのひとつひとつが「やむをえない状況」ばかりだったといえる。

もちろん、すべての変化に過剰に対応すれば投資も莫大なものとなる。分野をしっかり見定め、小さいながら大きな効果が期待できる投資を繰り返さなければならない。

１９８４年生まれの私が65歳になるとき、当社はまだ創業97年。１００年企業のリーダーとなるのは私の次の代、五代目や六代目になるはずだ。四代目の魚屋として、過去、現在、未来を見つめながら歴史を刻める創造人でありたいと願う。

［著者］

織茂信尋（おりも・のぶつね）

1984年生まれ。東京工科大学バイオニクス学部（現応用生物学部）で有機化学を学び、同大学院修了。総合商社勤務を経て、2010年に東信水産入社。営業企画部（現商品企画部）を経て、2017年1月、代表取締役社長に就任。現在、直営店も含めて首都圏を中心に19店舗を展開。スーパーや百貨店、新しい文化の発信地にも積極的に進出する。2013年から実践女子大学で水産消費概論、フードビジネス論の講師。趣味はダイビングで、PADIインストラクターの資格を持つ。

魚屋は真夜中に刺身を引き始める　鮮魚ビジネス革新の舞台裏

2021年7月6日　第1刷発行

著者――――――織茂 信尋
発行所――――――ダイヤモンド社
〒150-8409　東京都渋谷区神宮前6-12-17
https://www.diamond.co.jp/
電話／03-5778-7235（編集）　03-5778-7240（販売）
編集協力――――――西川 敦子
校正――――――福田 幸二（株式会社ヴェリタ）
ブックデザイン――――ジュリアーノ・ナカニシ（有限会社エクサピーコ）
製作進行――――――ダイヤモンド・グラフィック社
印刷――――――新藤慶昌堂
製本――――――本間製本
編集担当――――――千野 信浩

©2021 Nobutsune ORIMO

ISBN 978-4-478-10971-7

落丁・乱丁本はお手数ですが小社営業宛にお送りください。送料小社負担にてお取替えいたします。但し、古書店で購入されたものについてはお取替えできません。
無断転載・複製を禁ず
Printed in Japan